高职院校学生跨文化交际能力培养研究

乔时玲 著

吉林出版集团股份有限公司
全国百佳图书出版单位

图书在版编目（ＣＩＰ）数据

高职院校学生跨文化交际能力培养研究 / 乔时玲著
. -- 长春：吉林出版集团股份有限公司, 2022.11
ISBN 978-7-5731-2610-8

Ⅰ.①高… Ⅱ.①乔… Ⅲ.①英语-教学研究-高等
职业教育 Ⅳ.①H319.3

中国版本图书馆CIP数据核字(2022)第219669号

高职院校学生跨文化交际能力培养研究

GAOZHI YUANXIAO XUESHENG KUAWENHUA JIAOJI NENGLI PEIYANG YANJIU

著　　者　乔时玲
出 版 人　吴　强
责任编辑　蔡宏浩
助理编辑　崔雅轩
开　　本　787 mm × 1092 mm　1/16
印　　张　7
字　　数　157千字
版　　次　2022年11月第1版
印　　次　2022年11月第1次印刷
出　　版　吉林出版集团股份有限公司
发　　行　吉林音像出版社有限责任公司
　　　　　（吉林省长春市南关区福祉大路5788号）
电　　话　0431-81629667
印　　刷　三河市嵩川印刷有限公司
ISBN 978-7-5731-2610-8　　定　价　55.00元

如发现印装质量问题，影响阅读，请与出版社联系调换。

PREFACE

前　言

随着世界经济的全球化、信息技术的飞速发展、国际文化交流的日益频繁，中国与世界接轨的步伐不断加快，不同文化背景的个体和群体之间的交流在深度和广度上实现着前所未有的突破，跨文化交际已经成为"地球村"的普遍现实。然而，文化之间的差异往往会导致交际的困惑、误解、矛盾等，因此，培养对文化差异的敏感度和宽容度、发展跨文化意识是"地球村"公民的共识，跨越交际障碍、构建人类命运共同体是当今世界的迫切诉求，跨文化交际能力培养是21世纪人才培养至关重要的任务。

本书首先对跨文化交际能力进行综述，分析了跨文化交际能力的影响因素，接着论述了高职英语教学与学生跨文化能力培养的相互关系，并对学生跨文化能力的发展进行了分析。通过介绍跨文化交际知识和跨文化实践中的正反两方面案例，指导学生进行跨文化交际实践，明晰文化冲突原因，克服文化冲突障碍，提高对异文化的适应能力，学会有效传播中国故事。本书共分八章：第一章对跨文化交际能力进行论述；第二章分析了高职学生跨文化交际的影响因素；第三章对高职学生英语教学及跨文化能力培养方面进行分析；第四章对高职英语教学与跨文化交际能力培养学生跨文化交际基本技能和应用能力的培养进行分析。本书有针对性地对高职院校学生的跨文化交际能力培养进行深入研究，使之既有理论性，又有针对性。本书实践功能突出，将跨文化交际理论与现实商务交往的实践相结合，以真实生动的交际案例说明理论，对跨文化交际实践中的经验和教训进行分析和改进。本书将跨文化理论与实训有机结合，适用于外语、国际经贸、商务、管理、旅游等专业的学生，以及其他各类层次的跨文化沟通、跨文化交际和跨文化传播课程的学习。

作者在撰写本书过程中，参考和借鉴了一些知名学者和专家的观点及论著，在此向他们表示深深的感谢。由于水平和时间所限，书中难免会出现不足之处，希望各位读者和专家能够提出宝贵意见，以待进一步修改，使之更加完善。

编　者

CONTENTS

目 录

第一章 跨文化交际能力综述

第一节 跨文化交际概要

一、跨文化交际

（一）跨文化交际的定义

跨文化交际是指本族语者与非本族语者之间的交际，也指任何在语言和文化背景方面有差异的人们之间的交际。通俗来说，就是如果你和外国人打交道（由于存在语言和文化背景的差异），应该注意哪些问题，应该如何得体地去交流。

1. 从文化和交际角度定义

"交际即文化，文化即交际"，两者是相通的。没有交际就难以形成文化，而文化就是在交际中得以存在和发展的。符号学家把两者的关系概括为"文化是冻结了的交际，而交际是流动着的文化"，这是非常精辟的。"交际"在英语中可以有两种论述：一是社交，强调它的"社会性"；二是交流，突出它的"交际性"。"交际"这一概念与"社会共同""社会共享"密切相关，"社会共同"或"社会共享"是交际的前提。事实表明，只有同一文化的人们在行为规范方面具有共性，或交际双方共享某一文化规范，才能进行有效的交际。跨文化交际是不同主流文化的人们之间的交际，当然要求双方互相理解或遵循对方的文化，只有这样，才能保证交际达到预期的目标。关于交际的本质属性，可以从以下几方面来理解：

（1）有意识行为和无意识行为

在交际过程中，任何性质的符号都可用来交际，除了语言符号，更多的是非语言符号，包括各类行为。这是因为人们的行为有些是有意识的，而有些是无意识的。在社会化的过程中，人们的很多行为是无意识习得的，譬如站立、行走、身姿、手势乃至言语行为等。很多其他行为也同样是不知不觉学会的，并且可能在不知不觉中发生，尤其是非言语行为，如脸红、微笑、点头、皱眉头、伸舌头和眨眼睛等都会在无意识中自然流露。值得注意的是，这些行为一旦被观察或注意到时，客观上就传递了信息，交际也就发生了。

研究表明，在正常交际中人们惯常的交际行为是无意识的，或意识性很弱；但在陌生环境中，人们的交际行为有时会是有意识的，或自觉的。这意味着在与文化背景相似的人交际和与文化背景不同的人交际时，交际行为是有差异的。前者往往是无意识的，后者往往是有意识的，至少两者之间在意识程度上有所区别。这也意味着在跨文化交际中产生失误或误解是不可避免的，因为在不同的文化背景下，无意识行为可能与对方的文化规范相悖，而这样的无意识行为一旦被对方观察到，就会被赋予消极意义，从而会产生特定的反应。这一点在跨文化交际中应引起充分的注意。

（2）编码过程和解码过程

交际是一个编码和解码过程，信息交流是一个编码和解码的心理活动。具体地说，编码是把思想、感情、意识等编成语码（如言语或非言语行为以及书面语等符号）的过程；而解码则是对从外界接收的符号或信息赋予意义或进行解释的过程。有效的沟通，只有在发出信息的人和接收信息的人共享同一或相近的语码系统时才能实现，也就是说交际双方使用同一种语言说话。而且仅仅共享同一语言符号系统还不够，交际双方对其他相关因素的理解和把握也许更重要。交际行为是文化和社会行为，它必然发生在社会之中，并受社会众多因素的影响和制约。

2. 从对外汉语专业的角度定义

"跨文化交际"的概念可以这样界定：在特定的交际情景中，具有不同的文化背景的交际者使用同一种语言（母语或目的语）进行的口语交际。

（1）交际双方必须来自不同的文化背景

文化背景的差异是一个宽泛的概念，既是指不同文化圈之间的差异，也是指同一文化圈内部亚文化之间的差异。文化差异主要指不同文化圈之间的差异。虽然从跨文化交际的实际情形来看，由于文化背景的差异，导致交际失误，引起冲突。但文化取向和交际规范方面也有很多相通的地方。

（2）交际双方必须使用同一种语言交际

这是显而易见的，假如一方使用一种语言，而另一方使用另外一种不同的语言，交际是无法进行的。但是，既然交际的双方来自不同的文化背景，又要使用同一种语言，那么用来交际的语言对一方来说是母语，而对另一方来说必然是第二语言（习得的"目的语"）。比如一个中国人与一个美国人交谈，他们可以选择使用汉语，也可以选择使用英语，这样他们就可以用同一种语言直接交际，而不需要通过翻译这个中间环节。这样界定的着眼点也是由对外汉语专业的特点决定的。

（3）交际双方进行的是实时的口语交际

跨文化交际的途径多种多样。可以是语言符号的交际，也可以是非语言符号的交际，如商品、画报、实物、影像、演出到其他物化形式符号的交际；可以是现场的双向交际，也可以是通过媒介的单向交际，如电视、广播、报刊、广告等传播方式的交际；可以是口语交际，也可以是书面交际，如信函、公文等的来往。从对外汉语专业来看，我们着眼的主要是实时的口语交际，即双方面对面的交谈。此外，也包括伴随口语交际而可能发生的书面语交际，即文字传播方式的交际。

（3）交际双方进行的是直接的言语交际

当前国内的跨文化交际研究主要集中在外语教学界。跨文化交际是一门年轻的学科，它是在国际交往日益频繁、全球经济一体化的特定时代产生的新兴学科。在我国，跨文化交际研究是改革开放的产物，是汉语国际推广战略决策的需要。跨文化交际又是一门综合性学科，它是当代社会科学学科综合研究的结果，学科背景主要涉及文化语言学、社会语言学、言语交际学。其中文化语言学凸显"文化"的侧面，社会语言学凸显"社会"的侧面，而言语交际学凸显"交际"的侧面，这三个不同的侧面都围绕语言符号与非语言符号的"语用"这个核心。正是在这个基础上建立起了这么一门综合性的语言学科。举例来说，在学习英语的过程中有这样一些问题：许多人认为在语言交流当中有很多障碍，在于英语表达不好而产生误解，而当双方的语言能力都很好的时候，好像就没有交流障碍了，而这其实是我们的一种误解。研究发现，并不仅仅是英语好就能达到沟通的目的，所以研究外语的人把"Intercultural Communication"翻译成中文叫"跨文化交际"，这意味着用语言进行表达过程中还有许多沟通上的问题。因为前者更注重你的语言表达好与不好，而不注重沟通之中对方是否真正理解到了你所要表达的问题，所以在某种意义上来说，更倾向于"跨文化沟通"。同时，沟通的目的在于要让对方理解你要表达的意思，而不是你所说的话。例如，I know what you are saying, but not what you are trying to tell me or what you mean.（我知道你在说什么，但我不知道你想要告诉我什么或者你的真正意思是什么。）这句，沟通就是在理解 what you are saying 的基础上同时理解 what you want to say.

（二）跨文化交际的主要内容

跨文化交际学涉及很多学科，其基本内容一般包括五个方面：

1. 文化价值观的文化维度理论的研究

文化维度是跨文化理论中最具影响力的一个理论。该研究确定了区分不同国家文化的四个维度：个人主义与集体主义，权力距离，不确定性避让与不确定性容忍，男性化与女性化。个人主义强调个人所得和个人权利，包括个人的自我决定权利；集体主义文化则强调集体所得和集体权利，包括集体对个人的决定权。权利距离是指一个社会中的人群对权利分配不平等这一事实的接受程度。不确定性容忍高的人们敢于冒险，对未来充满信心，而不确定性避让高的人们则相反。在跨文化交际过程中，对于隐藏在文化深层里的价值观无法回避，人们恰恰是通过了解价值观的不同，来加深对跨文化的理解。

2. 言语行为文化特性方面的研究

不同的文化会产生差异，文化差异反映到语言上就成为语言上的差异。语言是文化的产物，又是文化的一种表现形式，语言的使用要遵循文化的规则。语言的使用中说话的直接与间接是文化差异比较明显的特征之一，大体可以分为低语境和高语境国家。低语境国家语言使用比较含蓄隐讳，而高语境国家的人们使用语言比较直截了当。因此，高语境环境下的人们可能会认为低语境国家的人们不诚实，而低语境国家的人们则会认为高语境国家的人们不礼貌，这就产生了交际上的障碍。

3. 非语言交际方面的研究

非语言交际指除了语言之外的所有交际手段，包括肢体语言、面部表情、服饰、发型、化妆等。拿肢体语言举例："肢体语言"同语言一样，都是文化的一部分。在不同文化中，肢体语言的意义并不完全相同。例如，人们在谈话时，对双方保持多大距离才合适有不同的看法；谈话双方身体接触的次数多少因文化不同而各异；在目光接触这一方面也有许多规定：看不看对方，什么时候看，看多久，什么人可以看，什么人不可以看；打手势时动作稍有不同，就会与原来的意图有所区别，对某种手势理解错了，也会引起意外的反应等。因此，要用外语进行有效的交际，在说某种语言时就要了解说话人的手势、动作、举止等所表示的意思。而有些权威人士认为两者相互依存。在大多数情况下这是对的。在某些情况下，人体动作与所说的话不一致，口头说的与肢体语言表达的意思不一样。这时要借助其他信息或从整个情况中猜测说话人的意思，从某种意义上说，一切肢体语言都要放在一定的情景下去理解；忽视了整个情景就会发生误解。

4. 文化对语境的影响

文化影响着交际语境。不同的语言体现着不同的文化，不同的文化又以多种方式影响着交际语境。人们的交际模式或行为模式会不可避免地受到所处特定场合的影响。这里的"场合"指的就是语境。语境就是言语行为过程中对话双方运用语言表达思想、交流感情或分析、理解话语含义时所依赖的各种因素。语境是指使用语言的环境，是言语行为发生的条件，对语言的使用有制约作用。尽管不同的文化有许多相同的社会语境，但不同的文化下会应用不同的规则。因此，关于服饰、时间、语言、非言语行为等概念由于文化的不同会显示出巨大的差异。

5. 如何提高跨文化交际能力，如何处理跨文化冲突

近年来，培养学生的跨文化交际能力成为外语教学研究的重要内容之一。人们认识到，只教会学生理解和分析英语语句，或者仅注重提高学生的口语表达能力是显然不够的。用英语进行有效沟通与交际也应该成为外语教学的重点。在外语教学中，我们不但要使学生学会外语的语言规范和言语行为准则，而且还要学会遵守文化规范，以达到成功交际的目的。因此，如何在教学中体现这几个方面的内容是近十年来普遍研究的课题，从而也有从以往纯粹的知识层面转向了真正的"交际"层面。为此，各门外语的教学大纲都已明确指出外语教学的目的之一是语言应用能力和提高文化素养。为达到此目的必须采取合适的教学方法，使用适宜的教材，尤其是教师的认识要与以提高文化交际能力为目的外语教学相适应。

（三）跨文化交际的表现形式

不同的学者从不同的角度对跨文化交际的表现形式进行了界定。通常个体对自身文化以外的其他文学作品、艺术作品、建筑遗迹等的欣赏和认识也是跨文化交际的表现形式，

跨文化交际的方式可以是直接的，也可以是间接的。把跨文化交际视为不同群体之间的交往这种观点同样值得商榷，因为它忽略了个体之间的交往。我们认为，跨文化交际指的是不同国家、不同文化、不同民族、不同个体之间的相互交流信息，共同构建意义和身份的过程。

随着社会各个领域全球化的到来，政治、经济、教育、艺术、科学等领域的建构和发展越来越依靠各国之间的对话和交流，跨文化交际也在不同的领域中发挥着越来越重要的作用。我们将以跨文化交际最显著的三个领域——旅游、贸易、教育为例，对其表现形式展开论述。

1. 旅游领域的跨文化交际

旅游是普通民众相互接触的最普遍的方式之一，也最容易遭遇文化休克。近年来，国人出境游成为一种很常见的现象，但是负面报道也随之见诸报端。

不同文化群体在行为举止上的差异在有些情况下可能会造成一种尴尬的场面。例如在我国，老人会伸手抚摸陌生孩子的头以示喜爱。这在欧美人看来是很难接受的，他们会直截了当地拒绝和制止这种行为。

例如，中美对于时间观念的认识存在着较大的差异，美国人喜欢制订日程计划，每个时间段要做的事情一旦确定之后很少做出调整和改变，而我国比较容易变通，喜欢临时做出决定，给对方一个惊喜，却并未意识到这种惊喜给对方造成的不便和麻烦。由此可见，不同文化背景下的社会行为规范对跨文化交际具有一种制约作用，只有保持跨文化的敏感性，理解并尊重文化的差异，积极进行自我调整，才能提高交际效率。

2. 贸易领域的跨文化交际

全球贸易的增速发展传达出这样一种信息，即贸易领域对跨文化交际人才的需求将呈几何倍数增长。在跨国企业全球开花的形势下，员工在不同国家之间的频繁流动成为一种司空见惯的现象，而跨国并购谈判同样成为跨文化交际中备受关注的课题之一。

3. 教育领域的跨文化交际

外语教学是跨文化交际较为频繁的一个领域，全球化使得教育无国界的特征愈加显现，迄今为止，留学生或外籍教师几乎遍布我国每一所高校，与此同时，国外高校留学生的人数也呈逐年增长的趋势。外语教学过程中最能体现跨文化交际的地方在于对熟语的理解。熟语是人们常用的定型化了的固定短语，包括成语、谚语、惯用语等。熟语在日常生活中具有较高的使用频率，它蕴含了丰富的文化因素，在外语教学过程中，我们不但要简要地说明熟语的意思，还要点明其文化背景，才能将其运用到恰当的场合中去。例如，"rain cats and dogs"意为"倾盆大雨"，该短语起源于早期水手的生活，假如水手出海前在路上遇到猫或狗，预示着此次航行会遭遇狂风和暴雨。借助于相关性联想，人们开始用"下猫下狗"来指代"倾盆大雨"。再比如，汉语中有大量生动、形象的熟语，在熟语教学过程中，点明寓意和文化背景是前提，需要教师创设较多的语境来帮助学生准确掌握该熟语的用法。

二、环境对跨文化交际的影响

任何文化都与本民族的生产和生活现实存在着密切的关联。由于不同民族的发展历程、生活环境、生产和生活方式、生活态度等存在显著的差异性，由此衍生出的物品类型、行为举止、社会规范、思维方式、风俗习惯（包括个人与集体观念、时间观念、权势距离感、信息交流的方式——直接透明还是间接含蓄）等必然有不同于其他民族文化的独特之处。

环境（environment）是指围绕着人群的空间及可以直接、间接影响人类生活和发展的各种自然因素、社会因素的总和。交际环境是指对交际行为、方式、内容和效果产生影响的自然、社会及个人因素。

人们在进行跨文化交际的过程中，环境是影响交际效果的重要因素之一。一方面，交际往往受特定时代、特定氛围的限制，交际者应该尊重当前的事实环境。在谈话的气氛、格调及语言材料和表达手段的选择上都必须适应现实的状况。另一方面，交际的具体时空因素制约着语言表达手段的具体选择和话语模式的确定。

交际环境根据不同的标准可以分为圈外环境和圈内环境，自然环境、社会环境和人物个性环境，高（强）环境和低（弱）环境等。

（一）圈内环境和圈外环境

根据交际范围来分，交际环境可以分为圈内环境和圈外环境。圈内环境和圈外环境是宏观跨文化交际的范畴，既涵盖国家范围内跨民族的交际和民族范围内群体间、行业间的交际，也包括跨国家和跨民族的交际。

所谓圈内环境是指在交际者长期生活的群体范围内与其他个体进行交际所处的环境和氛围。一般来说，在圈内环境中进行交际，交际者享有的社会规范相同，影响交际行为和效果的主要是个人的认知和个性等因素。

圈外环境是指交际者离开原来的群体来到一个陌生的群体环境中进行交际所处的环境和氛围。在圈外环境中进行交际，影响交际行为和效果的因素很多，包括自然因素、社会因素和个人因素，交际者既要了解和适应交际对象的文化，避免触犯禁忌，同时也要容忍因文化差异带来的冒犯与亵渎。圈外环境下的交际往往以文化了解为基础，否则会造成交际失误，甚至失败。

（二）自然环境、社会环境和人物个性环境

按照属性来分，交际环境可以分为自然环境、社会环境和人物个性环境。从现实的角度来看，影响跨文化交际的环境主要是自然环境、社会环境和人物个性环境。

1. 跨文化交际的自然物理环境

自然物理环境是人类通过长期有意识的社会劳动，加工和改造了的自然物质、创造的

物质生产体系、积累的物质文化等所形成的环境体系。自然物理环境对人们的生产和生活产生一定的影响，如物产的差异及其衍生的生活习惯和观念的差异等。对跨文化交际产生影响的因素主要是时空环境，即交际的时间和空间环境。交际中的空间环境主要包括交际时所处的位置环境和地域环境。

（1）位置环境

所谓位置环境是指交际行为发生时所处的实际位置，其通常会赋予交际内容一定的含义或者联想。例如，吃饭时谈论与大小便有关的话题会让人产生不快的联想。如果不注意位置环境，通常会造成交际的失误。

（2）地域环境

不同民族赖以生活的地域存在地理环境上的差异，因而与之相关的气候、地形、生物以及生产生活方式、社会结构、风俗习惯等自然背景和社会背景也必然存在显著的差异性。

由于不同民族所处的地域不同，不仅会导致物产上的差异，还会形成习俗、规制方面的差异。例如，在海边生活的民族，其物产主要是水产品，其习俗也往往与水有关，如"开渔节"等。生活在草原地区的民族，其物产主要是畜产品及其附属产品，其习俗也往往与牧业有关，如我国藏族在藏历六月（农历八月）举行为期八天的"当吉仁"赛马节等。生活在平原的农业产区，其物产主要是农副产品，其习俗也往往与农业有关，如汉族的"春节"，是庆祝上一年的丰收和展望下一年的成就。

交际的形式和内容与人们在一定地域条件影响下的劳动生活和文化密切相关。例如，表达"大手大脚地花钱"这一意思的英文表达是"spend money like water"，与英国环境密切相关；而同义的汉语表达是"挥金如土"，与中国的农耕文化密切关联。英国是一个航海业比较发达的国家，因此，很多语言都与水和船相关。例如，"to rest on one's oars"（暂时歇一歇），"to keep one's head above water"（奋力图存），"all at sea"（不知所措），等等。

英语中有俗语："East is east, and west is west, and never the twain shall meet."《晏子春秋》中也有类似的表达："橘生淮南则为橘，生于淮北则为枳。叶徒相似，其实味不同。所以然者何？水土异也。"这些说法的文化地域性特征很明显。

（3）时间环境

时间观是人们在长期社会实践中自然形成的。人们的时间观一旦形成，便深深地潜藏在人们思想深处，制约和支配着人们的言行。反过来，一定的言行又反映一定的时间观，人们的言行传递出与时间观有关的信息。

交际的时间环境是指交际发生时对交际方式的选择、交际内容的繁简和交际效果的好坏等产生影响的时间点或者时间段。交际发生的时间点或者时间段对交际产生影响，因此，交际对时间点或者时间段的选择与适应直接影响交际的效果。

2. 社会环境

社会环境是指人类生存及活动范围内社会物质和精神条件的总和。社会环境一方面是人类精神文明和物质文明发展的标志，另一方面又随着人类文明的演进而不断地丰富和发展，所以也有人把社会环境称为文化与社会环境。人类在改造自然、发展生产、创造文明的活动中结成不同的群体，建立了生产关系和社会关系。不同的社会制度、经济状况、风俗习惯、文化背景等构成了社会环境。广义包括整个社会经济文化体系，如生产力、生产关系、社会制度、社会意识等。狭义仅指人类生活的直接环境，如家庭、单位、组织和其他集体性社团等。

社会环境对人的形成和发展进化起着重要作用，同时人类活动给予社会环境以深刻的影响，而人类本身在适应和改造社会环境的过程中也在不断变化。

（1）心理环境

心理环境是德国心理学家勒温在拓扑心理学中提出的一个基本概念。心理环境是指对人的心理产生实际影响的整个生活环境。它是指人脑中对人的一切活动产生影响的环境事实，也即对人的心理事件产生实际影响的环境。

人们的生活环境包括自然环境和社会环境，它囊括了对人产生影响的一切过去、现在和将来的人、事、物等全部社会存在，其中历史传统、文化习俗、社会关系等社会现实，则是更为重要的心理环境。只要有心理的存在，都可能有意识或者无意识地影响人的行为。

中西方的自然环境、社会环境及文化渊源差别很大，因而形成了具有各自特色的习俗。例如，在个人形象方面，西方人比较注重个人仪表，有约定俗成的适用于不同场合的服饰规则（dress code），而我国没有特别的服饰规则；在待人接物方面，西方人在第一次见面时习惯于主动进行自我介绍，办公事时凭名片证明自己的身份，而我国往往在已知对方身份的前提下才主动进行自我介绍，办公事须持公函或者单位介绍信，分宾主位次落座；在称谓方面，西方人以平等对称为主，职衔称谓为辅，而我国以职衔敬称为主，平等对称为辅；在问候礼仪方面，西方人往往以时间、天气等为媒介来问候对方，礼品偏重纪念意义，而我国往往以关心对方的身体、饮食等个人事务为媒介来问候对方，礼品偏重实用，并强调双数和寓意，等等。

（2）认知环境

认知环境被定义为人们能够明白的一组事实。这些事实体现为认知环境里的各种元素，包括对物质概念与精神概念的分辨、对具体概念和抽象概念的取舍、对正确概念与错误概念的评判等，共同组成认知主体的总认知环境。

在跨文化交际中，人们总是利用已有的认知来对人们的交际语言或者行为进行正误、优劣等价值性评估，并在评估的基础上做出适当的反应。如果超出已有的认知范围，往往会做出错误的评判，影响到交际的效果。

3. 高语境与低语境

美国文化人类学家霍尔（Edward T. Hall）根据跨文化交际过程中背景信息与提供信息的多寡的实际，提出了"高语境"（或者"强语境"，"High-Context"）与"低语境"（或者"弱语境","Low-Context")的概念。

高语境（HC）交流突出按预定程序传输的信息，其信息主要是建立在人们的认知基础上的，即以受信者大脑中贮存的信息为基础，而通过交际方式和途径传达的信息量相对较少。而低语境（LC）交流则是将大多数的信息通过交际方式和途径来传达的。个人本位是低语境文化的主要原因，而人伦本位是高语境文化的根由。

高语境和低语境两种文化的差异不仅体现在言语信号的多寡上，而且也体现在言语的语法结构上。中国等东方国家的文化由于传统和历史的缘故在漫长的岁月中很少改变，始终如一的要旨产生了对环境始终如一的反应，因此，日常生活中的大部分正常行为不需要也不期待许多深入的背景信息。而处西方国家文化中，他们每次与别人交往时都需要详细的背景信息，必须用"依靠言语作为传递信息的主要渠道"的"详细描述代码"。这种低语境文化的成员要求言语表达详细、清楚、确切，如果观点不明，他们便提出问题。两种文化的差异是相对的。用一种特定的文化模式来衡量各种文化时，它们就构成了一个连续统一体（continuum），它们各自都是这个统一体上的一个点；不能把一个文化模式看作只有两个极端：一种文化不在这端，就在那端。尽管各种文化各不相同，但只是程度上的差别，而不是性质上的差别。高语境与低语境是衡量各种文化的一种模式，所有文化都有这两种文化形式的特点，只是程度不同罢了。一种倾向可能在一定文化中占支配地位，但同时也有另一种倾向的成分。各种文化都必须有这两种倾向，才能存在。另外，两种文化也存在变化与融合的问题。随着政治、经济的发展，各种文化在接触的过程中，必然互相影响，互相吸收。就霍尔提出的文化模式而论，各种文化互相吸收的结果必然缩小原高语境和低语境两种倾向的差距，使不同的文化缩小差异性，扩大共同性，趋向于融合。

三、跨文化交际的失误

在交际过程中，人们往往将利用自己已习得的认知作为对交际对方的行为和言语的评判标准，并据此进行评估和解读，对符合自己认知范围的行为与言语给予认可，对超出自己认知范围的行为与言语给予抵制或者排斥，甚至敌视。由于受到各种因素的影响，交际面临很多风险，出现交际失误。

（一）言语交际失误

所谓言语交际失误是指在交际过程中因言语表达的方式不当，或者对言语文化含义的理解差异等引起的失误。语义的稳定性只是相对的，在一定的语境条件下，许多语用性语义或临时性语义就会产生。言语交际具有六大缺陷：含义的模糊性、交际意图的欠明确性、表达的字面意义与实际意义的距离感、间接内涵的隐蔽性、言语功能隐含性和语言参照的抽象性。这些缺陷使得言语交际具有很大的风险，很容易造成理解上的隔膜，从而影响交际的质量和效果。

1. 内涵意义导致的失误

词语有基本的概念意义（又叫外延意义）和内涵意义。概念意义是指词语的字面含义

（词语在言语交际中所表达出来的反映客观事物主要特征的意义），而内涵意义是指超出词语的语境应用意义。例如，在汉语中，"日"与"月"，其概念意义分别是指白天能给人们带来强光和热度的天体和夜晚给人们带来柔光且有盈亏现象的天体，而其内涵意义是阳刚与阴柔。同样，在西方语言里"blue"的概念意义是指自然界中一种常见的基本色彩，而其内涵意义是"忧郁"。例如，小约翰·施特劳斯于19世纪所创作的圆舞曲《蓝色多瑙河》（The-Blue Danube）就是一种忧郁中潜藏着力量的声乐作品，能给人们一种从黑暗、悲观、失望的情绪之中冲向光明的力量。在跨文化交际过程中，使用词语时既要弄清楚其基本含义，也要根据情境，对合适的人在合适的时间和场所使用合适的词语表达，否则会造成交际的失误。

在任何一种语言里，词语都有各自使用的语域。以英语为例，基本是一词一义，有些词虽然属于同义词语，但是存在含义上的差别，因而使用的场合和适用的对象也不同。例如，英语单词"pretty"和"beautiful"是同义词语，都有"漂亮"的意思，但是"pretty"仅指一个人的外貌诱人，而"beautiful"则综合外貌、身材和气质于一体。英语表达"She is pretty"可以用于形容一个小女孩，也可以用来形容一个成年的女性，但是"She is beautiful"往往只能用来描述一个成年的女性，而不适用于小女孩。因此，在跨文化交际过程中应该谨慎应对。

2. 指称意义导致的失误

指称意义是指词语在一定情境中所提供的概念性指称。在任何语言中都有一词多义的现象存在，有些可以根据词性来具体确定词的指称意义，有些却需要根据具体情境来确定词的指称意义。这些现象，对于熟悉本民族语言特点的人来说，很容易理解，但是，在跨文化跨语言交际中，词语的指称意义往往会给交际双方带来理解上的错位。

例如，在英国，现在有两种表达"职业女性"（career woman）和"家庭妇女"（family man）来描述英国妇女，体现了时代精神。因为，传统的英国，男女有着明确的社会分工，男人在外打拼事业，是家庭中的"挣钱养家的人"（bread-earner），而妇女则承担在家里抚养和教育孩子、打理家务的职责。再例如，在英语中"picture show"一词指称意义对于美国人和英国人来说是不同的。在英国，"picture show"一词是指"画展"，而在美国，"picture show"一词是指"电影"。曾有位美国作家去英国度假，约好与英国朋友在"the gale of picture show"见面，结果，一个人去了展览馆，另一个人去了电影院。

例如，一道给外国留学生的汉语试题背景：小王正在和小张谈论小陈，这时，小陈正好进来，小王说："真是说曹操，曹操到。"问：谁到了？留学生答道："曹操到了。"该例子说明由于外国留学生没有根据具体情境来理解"曹操"的指称意义，所以，他的回答没有切题。

例如，某君宴请一位外国客人，刚刚开始，某君突然内急，于是出于礼貌，对这位外国客人抱歉地说道："对不起，我得去'方便'一下。"这位外国客人的中文不太好，就问他旁边的人"方便"是什么意思？他得到的回答是："'方便'就是上厕所。"于是，他便记在心里。酒足饭饱后，某君又客气地对这位外国客人说："不好意思，粗茶淡饭，招待不周，改天你'方便'的时候，我再好好请你。"这位外国客人一听便急了，连忙说："对不起，我们在'方便'的时候，从来都不吃饭。"

其中，某君两次使用了"方便"，在汉语里，"方便"一词有几种意思：一种是"上厕所、大小便"的委婉说法，另一种是"适宜的"意思（如"你方便接电话吗?"），还有一种意思是"提供帮助"（如"望予以方便"）。前后两次使用的"方便"所指不同，因为外国客人不了解汉语词语"方便"的这些指称含义，所以产生了误解。

3. 联想意义导致的失误

联想意义是指人们在使用语言时，语言符号所唤起的人们对某种事物或者现象引发的文化暗示或者关联想象所产生的含义。在交际中，人们往往利用自己已有的认知联想来对交际信息进行评估和推理。没有相应的认知就没有相应的联想，同样，有什么样的认知就有什么样的联想。不同的认知，其联想与推理会存在差异。

在跨文化交际中，由于语言具有浓郁的民族性、历史性特点，因此每种语言的联想意义也会因民族、历史差异而具有自身的特点。联想意义可以由言语的语音（包括同音、谐音）、词（字）形、概念，乃至文化习惯等引起。

4. 搭配意义导致的失误

搭配意义是指由于词语搭配不同而产生的不同含义。语言使用中的搭配不当，往往会造成语义偏离从而影响交际。一个中国人接待他的外国朋友参观他收藏的古董家具。下面是他们之间的对话。

中国人："这个是唐朝的桃木心桌子。"

外国人："Oh，good!"

中国人："这是清朝的红木椅子。"

外国人："Oh，very good!"

中国人："这是我家珍藏的象牙筷子，真材实料哦!"

外国朋友觉得很好奇，也不禁纳闷起来，心想："怎么中国的东西都带有一个'子'字呢?"这时，女主人刚好端上茶走过来，外国朋友看见女主人一头乌黑飘逸的头发，他想学着把"子"用起来，于是夸赞女主人道："Wow，好漂亮的'发子'啊!"大家一时不知道他说什么，等明白过来后在场的人都不禁大笑起来。

该案例中的外国人因为不懂中国文化中言语的搭配习惯而产生误用。"（头）发"是不能与"子"搭配的，如果搭配说成"发子"，容易与汉语中的"法子"混淆。

5. 文化寓意导致的失误

文化寓意是指与社会文化相联系而产生的含义，包括引申、民族情感、联想等引发的含义。在跨文化交际中，文化的隔阂往往是交际的主要障碍，而语言又是文化的载体，很容易因为文化差异造成费解、误解、曲解等交际现象。

例如，某公司人事部经理托尼带新同事来会计部做介绍。托尼指着会计部的职员说："All these are Bean Counters!"有位中国职员听后心里感觉不快，敷衍地与新同事握了握手说："Welcome!"待托尼一行离开后，他便向旁边的外籍同事朱恩抱怨说："我们不是很勤快地工作吗？为什么托尼说我们是在数豆过日子（Bean Counters）呢？"朱恩听后哈哈大笑起来，告诉他说："托尼的意思是说我们很会计算，精于会计这一行。"

原来英语中的"Bean Counter"是指"精打细算的人"，而并非"数豆过日子的人"的意思。Tony 实际上是在夸赞会计部的员工，而非贬低。

再如，某君在一次交际活动中向一位外宾介绍他的大学同学王女士，外宾听过介绍后对王女士说了一句："You are a woman of ambition."旁边的同学立马进行了翻译："你是一位有野心的女人啊！"王女士听后不悦，草草地敷衍过去。

其实"ambition"在英语里是"strong, particular desire to achieve something"相当于汉语中的"雄心、志向、抱负"。某君将"ambition"译作"野心"，显然曲解了外宾的原意。在汉语里"野心"是"对领土、权势、地位等的狂妄欲望和狠毒用心"，难怪 W 女士听后不悦。

（二）非言语交际失误

非言语信息在交际的过程中起到了多方面的作用，因为非言语信息蕴含着强烈的身份和关系的认同作用。在非言语交际活动中，这些行为都会影响到参与者的感受和信息解读。跨文化非言语交际语用失误包括体态语（body language）、副语言（paralanguage）、客体语（object language）、环境语（environmental language）等交际行为和交际方式方面的失误。

1. 体态语语用失误

体态语包括基本姿态、基本礼仪动作以及人身体各个部分的动作所提供的交际信息。体态语语用失误是指由于交际过程中交际双方任何一方的动作或者姿态不合时宜而导致的交际失误甚至失败。

例如，曾有一位意大利姑娘与一位德国小伙子邂逅，这个德国小伙子对意大利姑娘表达爱慕之情，但意大利姑娘不愿意接受小伙子的求爱，由于语言不同，她便做了一个掌心向外推的手势，表示"你走开吧"，意思是"我不能接受你"。可是这个手势在德国则是表示"你过来"，所以德国小伙理解为"我接受你"。结果，双方都陷入了尴尬之中。

2. 副语言语用失误

副语言，又称类语言或伴随语言，包括沉默、话轮转接和停顿、音高、语调、重音等各种非语义声音。副语言语用失误是指对沉默、话轮转换把握不当，以及对一些非语义声音的使用不当所造成的失误。比如，停顿不同，语义也有差异。英语中同样的句子，停顿不同造成的语义也有差异：

（1）Men and women born before 1900 should be registered here.

无鸡鸭亦可，无鱼肉亦可，青菜一碟足矣。

（2）Men, and women born before 1900 should be registered here.

无鸡，鸭亦可；无鱼，肉亦可。青菜一碟足矣。

3. 客体语语用失误

客体语包括发型、服饰、个人用品、家具的款式、颜色等所提供的交际信息。客体语语用失误在跨文化交际中主要体现在服饰方面。作为非言语交际的重要形式，服饰的穿着与搭配往往因地域文化差异而存在差异。例如，在西方社会里，职业女性在上班时应该穿着工作装，休闲时穿着休闲装，出席正式的聚会时穿着礼服等，而我国一般没有这些要求，只是外出时注意着装的整洁、颜色搭配即可。

4. 环境语语用失误

环境语包括空间信息、时间信息等。环境语语用失误就是指对空间信息、时间信息的处理不当。空间信息包括对待空间距离的态度、座位的排列等。时间信息包括对时间的计算和时间观念等。时间和空间是相互作用的。时空观念的差异往往会带来交际失误，甚至引发文化冲突。比如，为了防止唾沫飞到对方脸上，我国在与对方交谈时通常会用手遮住嘴，这种姿势会让英国人不理解。同样，喜欢近距离谈话的美国人发现与之交谈的英国人会不停地后退，因为英国人习惯交谈时拉开一定的距离。

四、跨文化交际学及其理论

（一）跨文化交际学

身为传播学的一个领域，跨文化交际学是由霍尔最初的研究，慢慢地发展成一个内容丰富的庞大领域。跨文化交际和传播研究两者具有一个共同的基础概念：传播、沟通（communication）。但是传播和文化（culture）两个概念结合后，才开始建立起跨文化交际学这个学科的正身。

目前跨文化交际研究的主流，是以人际间的沟通行为和文化的互动为对象，它承袭了传统的传播学研究方法，并且相当重视实际上的应用。这种理论和实际同时并进的现象，也正是跨文化交际研究的一大特色。作为整个传播学的一个分支，跨文化交际学可以说是传播学的多样性（diversity）和包容性（inclusiveness）所产生的一朵奇葩。从 20 世纪 50 年代至今，这门学科发展的速度真是令人惊叹。这是一门由实际上沟通的需求而产生的研究领域，由于"地球村"（global village）、民族自决与文化多元性（cultural diversity）等潮流的兴起，可以预见跨文化交际学的发展将会经久不衰。它的应用性也会愈来愈受到重视，而且在整个传播发展史上，业已建立了一席不可磨灭的地位。

（二）跨文化交际学的伦理原则

"互惠性"（reciprocity）是跨文化沟通最具有普遍性的伦理原则。这是"己所不欲，勿施于人"的发挥。也就是说，在沟通的过程中，不可把我们不希望别人的事加诸我们的沟通方式，用来对待他人。这个普遍性的伦理原则要求四项行为的准则：相互性、不妄加臆断、诚实与尊重。

1. 相互性（Mutuality）

跨文化沟通的相互性（mutuality）要求不同文化的双方，必须尽力建立一个共同的互动空间，而且不能期求把这个互动的空间，建立在自己或对方的文化基础之上，双方必须了解到，积极寻求一个可以畅言舒心的共同分享空间的重要性。任何缺乏弹性的以自己文化作为沟通标准的互动，都是跨文化沟通的障碍。

2. 不妄加臆断（Nonjudgmentalism）

不妄加臆断（nonjudgmentalism）是开放心灵的表现。它意味着我们在适当情况下公然表达心思与接受他人表达的意愿。不妄加臆断的功夫能促使讯息流通自如，同时在跨文化互动的过程中，加强认同、感激与乐意接受不同意见的素养。不妄加臆断的目的在于解除双方信息自由互换的桎梏，而达到此目的首要条件，就是从认知文化价值的差异建立起彼此之间的互信。

3. 诚实（Honesty）

诚实（honesty）指对自己发出信息的理解与对互动对象的坦白。《中庸》里曾提到"不诚无物"，人际交往的过程，只要一心，存不实，有所作为和无所作为是一样没有意义的。诚实是看待事物之本然，而不是把事物依我们所要看待的样子去看待。全然了解自己与文化可能存在的偏见，是在跨文化沟通的过程表现出诚实之心与行为的基础。

4. 尊重（Respect）

最后，尊重（respect）强调对互动双方基本人权的护卫。尊重他人的能力，建立在察言观色以得知与认可对方需求的那股敏觉力（sensitivity）。这意味着我们必须认识到，在互动的过程中，一种想法可用多种方法来表达。因此，尊重这种因文化差异产生的信息表达的多样性，成了我们在跨文化沟通所应尽的义务。这种相互尊重的做法，正是保护互动双方人性尊严的良方。

这四项伦理原则，是培养一个多族裔、多文化间人们能真正对话（dialogue）的环境的必要措施。这些原则也提供了跨文化沟通的行为准则。

（二）跨文化交际学的伦理准则

从以上所述的四项伦理原则，我们可以归纳出五条跨文化交际所应依循的行为准则：志愿性的参与，尊重个别性，免于受害的权力，隐私权的保护与避免强加个人的偏见。

1. 志愿性的参与（Voluntary Participation）

不受胁迫地参与互动，是跨文化交际最基本的需求。这种志愿性参与的本质，强调沟通双方全然与正确地了解互动本身可能带来心理与社交上负面的冲击。很明显地，强迫他人参与跨文化交际的行为，违反了相互性与尊重两项跨文化沟通的伦理原则。

2. 尊重个别性（Respect Individual Uniqueness）

文化本身固然是影响跨文化沟通最重要的因素，但只有在文化冲击发生之前，强调个别性（individuality）的重要，一个真正的对话才有可能产生。纵使文化处处规范其社会分子的思想形态与行为举止，同文化内个别性的差异仍是相当明显的。在文化规范之前试图寻求了解个人的特性，是避免落入文化刻板印象（stereotype）之窠臼的要素。文化刻板印象的缺点，在于把群体的特性当作个人的特性，因此抹杀了个体性的存在。

3. 免于受害的权力（Right to be Free from Harm）

基于诚实的沟通伦理原则，任何加诸互动对方生理上、心理上或社交上的伤害，必须完全避免。这个原则包括不应该使用不适当方式来操纵对方，例如刻意提出互动对方文化禁忌（cultural taboo）之事或侵犯个人信仰之举止皆是。类似这种伤害式的行动，轻者使人赧颜困窘，重者往往会引发严重的冲突，形成跨文化沟通不必要的误解。

4. 隐私权的保护（Protection of Privacy）

跨文化交际相互性的伦理原则，并不是意味着相互侵犯隐私（privacy）。不管互动对方的性别或文化背景，尊重个人的隐私是任何沟通顺利进行的必要条件。为了特殊目的需要提出某种问题，事先应该照会对方或寻求对方的同意，以免因突如其来的语言或动作，使对方措手不及而感到惊讶或不快，在跨文化沟通上是很基本的修养。

5. 避免强加个人的偏见（Avoidance of Imposing Personal Biases）

最后一个原则是避免把自己的意见强加到互动对方。由于人类的认知系统因文化的不同而有着多样性的差异，这种经由文化的影响产生的主观性，常常在跨文化沟通时，造成个人的偏见（bias），导致不必要的误解。一个有道德良心的人，不但需要了解这种偏见可能带来的负面影响，更需要试着避免利用这个偏见，来哄骗或误导互动的对方。因个人偏见所产生的欺骗行为，是破坏跨文化交际双方互信的最大敌人。

五、跨文化交际理论

（一）交际资源

交际资源是在不同的交际情境下适合地、有效地、创造性地运用认知、情感和行为资源的知识和能力。如同资源的其他形式，它与被作为学习经验的新情境被探讨的程度有关。

从认知角度，一个个体是否将跨文化交际看作挑战并确立其身份的机会，或看作令其忧心忡忡的事，对他怎样与陌生人进行交流有很大的影响。假如一个个体传递的是一种自我身份的保护意识，就很可能会唤起对方的自我身份保护意识。

跨文化交际的情感不是以自我为中心就是以他人为中心，或者更多情况下是，两者的共同作用。文化对交际的附属物——情感意义和反应，起了主要作用。对于强调个性的人，大多是以自我为中心的情感。他们关心"公正性"，在自我和他人间求得平衡，不断地希望获得公正的规则、原则和标准。相反地，以他人为中心的情感大多由强调共性者拥有，他们以人际关系为中心，可以通过一些表示关切的活动而相互接近。在这两种情况下，个体情感资源要求能解决一些情感的问题。文化和性别的差异同时影响个体的自我概念和道德构建。

在不同情境下处理不同个体的不同身份需求，跨文化的交际者需要行为资源来发展大范围的言语及非言语的活动。能对陌生人作出反应和回答，并随时从对方获得信息是行为资源的其他方面。

（二）片段描述理论

这是一个以认知为中心的跨文化交际理论。跨文化交际的关键是交际双方对社会生活片段没有相配的或共享的认知描述，也就是说，他们以不同的表达和形象来描述这些社会生活的片段。社会生活片段是，在一特定的文化或次文化中，典型的反复发生互动活动。这种特定的文化及次文化构成了交际行为的"自然单元"。同一文化或次文化的成员之间拥有相互共享的、隐性的认知描述。交际片段的认知描述在一些主要特征方面得以区别，分别是：交际所承担的亲密程度、参与程度及友好程度；自信；对每次交流的正面或负面的评价；任务定位或关系定位；焦虑；文化价值观，如强调共性／强调个性，获得成绩／人际关系。

交际者描述的差异越大，他们相互理解的难度也就越大。文化和次文化的不同是这种差异的主要来源，但其他变量在跨文化交际中也同样存在。这些变量，如一些普通的技术性的专业知识，有利于跨文化交流的顺利进行。另外，通过创造共享的认知描述，交际者可以战胜交流的障碍。因此，跨文化交际的有效性与可在交流者之间创造的共享片段描述的程度有直接的联系。为了互动的成功，参与者必须在社会情境定义上取得根本的一致。

（三）跨文化交际的构建法

建构主义提出：我们所需要的并不是一个跨文化交际的理论，而是从根本上来说，一个相关的理论，它的适应焦点可以包含历史上出现的群体生活在交流上各种形式和作用的影响。也就是说，跨文化交际总的来说是交际的一部分，应该有一种交际理论足以控制和解释它。

一方面，当前很多社会科学研究都在利用一种隐喻，即每个人都是自然的科学家，他们都试图从自己的世界里获取意义。而另一方面，构建法认为，在人际这个讨论域里，推论和行为并不是或很少以预测或理解自我或他人为目的，而是或更多是为了实现个人或情境所赋予的目标。在交际中的人可以被认为是"工具制造者"。人们相互交流作出反应，他们通常和理解他人为什么要那样行为无关，而是理解他人为达到他们自身的交流目的的所言所做而带来的即时隐含含义。通常这么做只是为了作出合适的反应，从而保证对话能顺利进展下去。

在一些日常情境下，交际被对话目标和一些例行公事所左右。如，在日常工作会议即将结束时，人们总是会讨论和决定下次会议的日子，对为什么和怎么样想都不去想。就是在这样的情境下，文化和文化差异对交际的影响是最明显的。因此，在一个强调等级的文化里，出席人员中地位最高的人的建议将是制定下次会议日期的决定性因素。而在一个强调人人平等的文化中，会议的日期就会根据所有人的时间安排，找空闲时间而定。（这就是为什么在英国大学里，教职员工开个会是如此之难！）尽管如此，由于这些习俗和习惯都是隐性的，进入跨文化交际的人们通常意识不到这些会给他们的交流带来障碍。这里隐含的意思是，文化对交际的影响很可能是最强的，又恰恰是最不易被认识到。这种影响不仅仅存在于交流的最初阶段，也存在于工作关系的其他阶段。这与大多数其他关于文化对关系影响阶段的观点是冲突的。

文化的规则、习俗和礼仪在追求目标的过程中作为资源存在。在一般语境下，它们可以被看作全部所需的了，但即使是这样，它们应当被看作被使用的，而不是被遵循的。更苛刻的情境，就像那些跨文化交际的情境，要求说话人能使用以人为中心的信息来辨认出交际对方的想法，考虑他人的感觉并在合适的时候，他们能从他人的角度对要求和命令给予解释，通过明确的提问来获取他人态度、信仰及价值观的信息。以人为中心的信息比不以人为中心的信息更为复杂，它们对交际者要求更多的认知复杂性。用构建主义的话来说，它们"反映了过程取向的交际能力的综合"，并且，它们已经显示出它们能更有效地获取对方的好感。

（四）期待理论

期待状态理论的核心思想是对互动行为期待的影响。人们"根据信息接收者可能作出的回应，在不同的交际策略中进行选择"。三种信息被用来进行这种猜测和预料：文化信息、社会信息（角色和群身份）及个人信息。（北美人采用更多的个人信息，而非社会信息；而日本人正好相反。）在前文我们了解到人们对信息接收者可能作出的回应的期待对他们的交际行为有很大的影响。期待本身是以下这些变量作用的结果，它们是：知识（了解）、信念/态度、旧观念、自我构想、角色、先前的交际和地位特征。下图表现了这些变量之间的相互关系。虽然关于这些变量的理论对读者来说并不新，但有些仍需要进一步地讨论。在这个模式里，知识（了解）是指交际者对其第一次遇到的交际对方所应归属的群体的了解。当一个个体第一次遇到一个他从未接触过的交际对象，同时又对该交际对象所属的群体丝毫不了解，那他就会通过看其所行，听其所言，来对对方接下去的行为进行猜测。当然，这些观察是有选择性的，所得到的印象也会被交际者自身的文化构架所影响。这些通过观察和解释得到的行为被看作"典型的"，推理由这些印象得来。

当与不熟悉的人交流时，这种进行推理的必要性就更大，这能导致极度预测和期待。事先对另一交际群体了解得越多，就越不会倾向于过度解释一些通常在第一次交流时注意到的较细微的行为样本。就是这样，先前的了解影响期待，从而影响行为。假如了解的情况是精确的，效果似乎就会是有利的。尽管如此，假如他们有着错误的信念和想法，或者这种了解到的"知识"是由简单化了的或不精确的旧观念组成的，所得到的期待就会歪曲行为，给交际带来相反的效果。

通常人们会在三个策略中利用一个或多个策略来获取对另一交际群体的信息。其中之一是一种被动策略，如看电视（这种策略被认为是最容易导致对旧观念的过度依赖），或直接观察而没有互动。第二种是一种积极、主动的策略，即通过向来自另一群体的交际对方询问其文化或次文化。第三种是一种互动策略，即与来自另一文化或次文化的个体交流，问问题，自我表达，并努力发现一些假象。最后一种从表面上听起来像是一种信息收集策略，事实上，它正是这样。尽管如此，获取精确的信息，和与自我构想和角色将交际与个人身份联系起来。自我构想有三个组成部分：个人的、社会的和人类的。在特殊情境中，一个个体很可能会选择（有意识或无意识地）把自己定义为一个独特的个体（一种个体性的定义）或是群体中的一员（一种社会性的定义）。当交际行为大多是基于个人身份的时候，人际交往就产生了；当交际行为是基于社会或角色身份时，群际交往就产生了。当人们与另一个体作为个体与个体间联系的时候，他们对对方行为的期待将较少地受到他们对对方所属文化的信念和态度的影响；当交流情境被看作群际交流时，情况却恰好相反。地位这个概念在所有的文化中被广泛运用。它被人们作为一种对其交流对方所形成的期待输入。总的来说，相比于地位较低的人，地位较高的人更易被人们期待或接受更多的行为。地位是由一些外部因素（如人种、性别、外表、受教育程度、职业）和一些有关表达的因素（如方言、眼神交流、说话方式、肤色），或者一些陈述的信息（如某人说他们是在墨西哥长大的）构成的。虽然在所有的文化中，这些都被作为构成地位的因素，但它们在实际应用方面却不是完全平等的。不论是在性别的方面或工作方面，外表通常被看作是一个重要的地位因素。

在与他人的交际中，群际态度、旧观念、偏见及在交际过程中引起的情感回应都对期待造成影响。假如期待被违反，就很容易唤起情感回应，因此产生一种反馈循环作用。期待是基于对另一群体的了解，但是当这种了解缺失或不足的时候，期待者自身（次）文化的期待就会得到应用，当然，在这种情况下，这种期待极易遭到违反。当另一个人的行为与感知者的期待一致的时候，对这种情况的意识通常并不明显，并且感知者总是根据他们"通常的"方式来判断"信息"或交流对方。这种"通常"的方式，如与他们对交际者和他们行为的归因一致。尽管如此，当另一个体的行为违反了原有的期待，期待者就会被这种违反所困扰。这种结果通常会以加强的形式来改变原有的评价，即正确评价的信息及信息来源者会受到更多的肯定，而错误评价的信息则正好相反。对违反和违反发出者的评价同样也受到违反者给期待者提供的"积极的信息"，如增强期待者自尊程度的影响。在与来自不同背景的人进行交际的过程中，期待很可能遭到违反，但期待违反所带来的代价似乎是非常不受欢迎的。因此，与文化内交际相比，在跨文化交际中，期待违反理论暗指对交际对方的高度负面评价。

第二节 跨文化交际能力分析

一、跨文化交际能力的相关含义

跨文化交际能力涉及文化、交际和能力等层面，其基础是交际和交际能力。英语中"交际"的含义是通信、传达、信息（交换）、交通等；而汉语中"交际"指人与人之间的往来接触。现代交际学范畴内"交际"的定义是：人与人之间沟通信息的过程，即人们运用语言或非语言信息交换意见、传达思想、表达感情和需要的交流过程。交际能力是一种社交能力，而跨文化交际能力是在拥有这种基本社交能力的基础上，在其他文化背景下的有效交际能力。这里强调交际的"有效性"，是因为有效的交际才是跨文化交际能力的体现，否则，此人就不具备这种能力。

交际概念的表述方式有所不同，但其内核是一致的，相比之下，文化的概念难以界定，各学科是从不同的研究角度来定义的。从文化与交际的角度来看，文化具有以下特点：文化是可习得的，第二语言习得是发展另一语言系统，第二文化习得是对原有文化的扩张；文化是一套共享的认识体系，这一特点对文化和交流非常重要，因为有效的交际是基于主体间对事物的共同认识；文化影响行为，正因如此，不同文化背景下的主体对其他主体行为会产生反感；文化是一个群体或社团共有的，文化一般都会涉及大的群体而非小团体；文化是相对的，没有优、劣之分。

二、跨文化交际能力的内涵

语言学习理论研究的任务之一，就是揭示语言能力和语言交际能力的构成因素及形成过程，因为只有对语言能力和语言交际能力的构成因素和形成过程有了全面认识，才能在语言教学中更加自觉、更加有计划地培养学生的语言能力和语言交际能力。

（一）语言能力

语言能力是一种内化了的语言规则体系，包括语音、词汇、语法等，是人们所具有的语言知识。他把语言分为语言能力和语言行为，并且把两者对立起来。乔姆斯基的语言能力是基于对"理想的说话人"在"完全同类的言语群体"中的言语行为进行的研究，其"语言能力"包括语言知识和规则及语言的基本技能，他所认为的语言能力是人类先天就具有的内在心理机制。

关于语言存在结构系统和规则的观点在我国外语教学领域有着长期的、根深蒂固的影响。其所产生的语言结构系统知识、规则以及范式语言为教学的语言输入和学习活动提供了必要的条件，但也存在明显的不足：此种语言理论只涉及到语言系统本身或内部的内容、解决的只是语言形式问题，而未能解决语言的本质，即社会交际功能的问题。

（二）交际能力

何谓交际能力呢?《朗文语言教学及应用语言学辞典》对交际能力进行了解释："（交际能力）指不仅能使用语法规则来组成语法正确的句子，而且知道何时何地向何人使用这些句子的能力。"交际能力包括：（1）语言的词汇及语法知识；（2）说话规则，如知道如何开始并结束谈话，不同言语活动中谈什么话题，不同场合对不同的人用什么称谓形式；（3）掌握如何使用不同的言语行为，如请求、道歉、致谢和邀请，并对其做出反应；（4）掌握如何适当地使用语言。如果想与别人进行交际，就必须注意社会场景、人物之间的关系及特定场合中可以使用语言的类型，还必须理解书面的或口头表达出来的句子在上下文中的意思。

交际能力这一概念是由美国社会语言学家戴尔·海姆斯于20世纪70年代首先提出的。他把"交际能力"概括为语言知识和对语言知识运用的能力。他曾经很直观地把交际能力说成是："在恰当的时候，在恰当的地方，用恰当的方式对人说恰当的话语气。"在他看来，如果没有语言使用规则，语法规则就毫无用处。例如，人们知道情态动词"would"的使用规则，但不知道在社会交际情境中好友之间提出请求时不使用"would"要比使用"would"更加亲切。

戴尔·海姆斯对第二外语教学和研究的另一贡献是他提出的"文化干扰"理论，即个体与其他文化背景的交际对象沟通时，自身的文化背景对交际行为，包括语言使用的干扰，例如，一位刚上哈佛大学的中国学生李昊吃过午餐后在校园的路上碰见同班的美国同学约翰。李昊很友好地问约翰吃了饭没有，以示打招呼。这使美国同学误以为被邀请共进午餐。这就是典型的文化干扰现象。交际能力观的核心是语言的得体性。按照交际能力理论来看，构成跨文化交际能力的要素是语言知识、社会语用知识以及交际技巧，没有涉及到交际者情感方面的因素，如克服文化差异所带来的不良心理感受等，也没有涉及到交际者对对方价值观、世界观等深层文化结构的理解。这不能不说是他的局限性。

（三）跨文化交际能力

不难发现，语言能力和交际能力中都提及了两个要素：特定环境、有效得体。

1. 特定环境

通常来说，能力指的是一系列的才能或者是有技巧的行为。然而，能力的判定却是随着标准的不同而不断改变的。在一种环境中被认为是有能力的行为，在另一种环境中完全有可能被认为是无能的表现。例如，在西方文化中说话直截了当的风格能够被广泛地接受，可能被认为是有能力的表现；而我中文化中，说话直截了当则可能不被接受，甚至引起他人的不快，是缺乏交际能力的表现。所以，任何能力都不能孤立地判断，而是应该放在一定的环境中。

许多研究者曾经试图通过研究成功的跨文化交际者的性格特征来解释在跨文化交际中所需具备的素质，如内外向、开放度、宽容度等。或许某些性格特征会在特定情况下对跨文化交际有所帮助，但是没有一种性格能够使交际者在所有交际情景中都游刃有余。即便交际者具备有利于跨文化交际的性格特征，也必须在特定环境中来考查是否具备良好的跨文化交际能力。

2. 有效得体

有能力的跨文化交际者能与其他文化成员进行有效得体的交际。所谓得体，是指交际行为合理、适当，符合特定文化、特定交际情境以及交际者之间特定关系对交际的预期；有效是指交际行为得到了预期的结果。有效是交际的结果，得体是交际的过程。交际者如果能达到交际目的，交际就基本成功了。但在达到目的的过程中，不同的人可能会运用不同的方式，有的得体，有的可能稍欠妥当。如果在达到有效的同时，又能够运用十分得体的方式，就是成功的交际。因此，一个具备良好交际能力的交际者既需要运用得体的方式进行交际，也需要达到交际的目的。

我们可以将跨文化交际能力定义为在特定环境中与来自其他文化成员进行得体、有效交际所需具备的能力，包括知识、意识与技能三方面的内容。

除了"特定环境"与"得体有效"，还有进行跨文化交际能力所必须具备的知识、意识和技能，但跨文化交际能力并不是与生俱来的，也不是偶然获得的，需要具备一定前提条件。语言、交际、文化的关系密不可分，语言教学的目的之一是使教学对象能够运用所学语言进行交际，即具有交际能力；文化影响语言和交际，所以教授语言的理想目标是使教学对象使用所学语言在目的语的文化语境中以符合对方文化习惯的方式交际，即培养学生进行跨文化交际的能力。

跨文化交际能力与交际能力的定义比较类似，但是跨文化交际能力除了强调交际的得体性和有效性以外，更强调交际者与所处文化环境的关系。与交际能力的定义相类似，跨文化交际能力的概念也历经了一些演变。文化教学（Culture Teaching）的目的从最初的"熟悉外国文化"变成了"培养文化意识"，再到最后的"提高跨文化交际能力"。这三个层次是依次递进的关系。"熟悉外国文化"主要是指有关文化知识的传授；"培养文化意识"建立在掌握一定文化知识的基础上，并且已经触及到了对文化的观察力以及对待其他文化的态度；"提高跨文化交际能力"则是在具备"文化意识"以后，在实际交往中的行为与表现。这三个不同的层次正好对应了跨文化交际的三个方面：知识、技能、意识。

三、跨文化交际能力模式

中外很多学者从心理学、交际学和语言学等不同角度对跨文化交际模式进行了研究。《语境中的跨文化交际》从跨国公司外派人员工作能力需求出发，提出一种跨文化交际能力模式，包括知识因素、情感因素、心智活动特征和情境特征四个要素。他们认为知识因素是交际者对交际对象所在文化的认知。表现为交际者对目的文化价值观念、信仰、文化模式的了解；交际者还应掌握目的语文化的言语和非言语交际脚本。跨文化交际中的情感因素指交际者对待来自不同文化的交际对象和跨文化交际行为的态度——接近或疏远，其重要特点是对跨文化交际活动产生的焦虑，即因正在进行的或预期进行的跨文化交际活动而产生恐惧和焦虑心情。跨文化交际能力中的知识因素和情感因素相互支持、相互影响，跨文化交际知识越多，跨文化交际的心理压力越小，进行跨文化交际的动机越强；交际动机强烈，获得跨文化交际经验的机会多，积累的跨文化知识就会越来越多。跨文化交际能力中的心智活动因素是知识和情感因素的体现，内容包括言语和非言语表达以及角色扮演。言语表达指个体运用语言的能力。非言语表达指对对方文化肢体语言、时间语言、颜色语言、空间语言、辅助语言等非言语符号的认知。角色扮演指交际者了解目的文化对自己所扮演角色的期待，并根据自己的角色身份得体地使用言语和非言语符号，调整自己的行为模式，使自己的言行符合目的文化的要求，以适应不同文化对同一社会角色不同期望和要求的能力。跨文化交际能力的第四个因素是发生跨文化交际的真实语境。个体可能在某一语境中表现出较强的交际能力，而在其他语境中则无法自如应对，因此交际能力的大小依语境变化，影响跨文化交际能力的情境特征包括环境语境、预先接触、地位差别和第三方的干扰等。

跨文化交际能力包括基本交际能力系统、情感与关系能力系统、情节能力系统和策略能力系统四类交际能力系统。基本交际能力系统包括语言和非语言行为能力、文化能力、相互交往能力和认知能力。情感关系能力系统包括情感能力和关系能力两个方面。情感能力主要指移情能力，即认同和理解别人的处境、感情和动机。情节能力的概念是针对语言多义现象和语境之间的关系提出的，情节是某一特定文化环境中，典型的交往序列定势，具体情节中有一套独特的言语和非言语规则。策略能力系统是指交际者因语言能力问题或语用能力问题没有达到交际目的，而采取的补救措施或策略。

在外语教学中把外语水平等同于交际能力是不准确的。她认为，外语交际与母语交际有所不同，在外语交际中，交际双方往往存在文化差异，因此外语教学中仅仅培养学生的"交际能力"是不够的，还要使学生具有处理文化差异的能力，即应培养学生的"跨文化交际能力"。

外语教学的目的可分三个层面：微观层面、中观层面和宏观层面。在微观层面，外语教学的目的是培养学生的"语言能力"，包括语音、词汇、语法、篇章等语言知识和听、说、读、写、译等语言技能。在中观层面，外语教学的目的是培养学生的"交际能力"，主要是指语言交际能力的培养。在宏观层面，外语教学的目标是培养学生的"社会文化能力"，包括语言能力、语用能力和扬弃贯通能力，而扬弃贯通能力又包括了理解能力、评价能力和整合能力。

而所谓理解是认知和情感因素共同作用的结果，是学习与体悟共同作用的结果。人们通常所说的"跨文化意识"便是对另一文化的理解能力。"评价能力"是对所接受的文化信息进行理性评判的能力。同时，他对自身的文化归属和由此而可能产生的文化偏见有着清醒的意识。"整合能力"使学习者能够将新的文化信息与已知的文化图式相结合，成为自己人格中的一个有机整体。如果将"文化"当成是某种意义上的人的"精神食粮"，那么就不妨把"理解"当成"摄取",把"评价"当成"消化",把"整合"当成"吸收"。如果将社会文化能力的三个主要成分放到一个两头分别是"封闭型能力"和"开放性能力"的连续体上的话,社会文化能力三要素之间的关系就更加一目了然了。

"语言能力"基本上是一种"封闭能力",可以达到"不可能学得更好"的顶点,"扬弃贯通能力"是典型的开放能力,因为文化是千姿百态、丰富多彩的,人们理解和评价的内容、方式和结果可能是因人而异的。对于一个外语学习者来说,社会文化能力的三个部分是相对独立而又互相联系、互相影响、互相补充的。只有完全具备了三种能力,学习者才能够通过文化学习使自己的人格主体变得更加完美,更加富有创造性。

四、影响跨文化交际的因素

在经济和文化迅速全球化的今天,国际交往变得非常频繁和平常,跨文化交际不可避免,我们在短时间内还来不及培养出足够数量的跨文化交际人才。不少学者在现实生活中对外语学习者进行了观察以后发现,在跨文化语境中能与外国人进行无障碍交流的人甚少,绝大部分人的交际有效性和适宜性受到多种文化因素的影响。

(一)语言的局限性

不同文化的人之间进行交际的时候,首先遇到的问题就是语言中的文化障碍,尤其是双方不具有共同语言的时候,语言中的文化障碍就变得非常明显。即便是互相具有共同的语言,双方文化不同,语言障碍仍然会在各个层面产生,这是因为词汇、发音、语义概念以及与语言相关的文化问题等多重因素的缘故。

(二)思维方式差异

各民族的思维习惯的形成都有赖于相应的文化环境。文化环境的主要因素有生产方式、历史传统、哲学思想和语言文字等。其中语言是感知和认识世界的重要手段,同时对语言的理解和掌握也是感知的重要部分。也就是说,一方面语言体现思维;另一方面,语言习得也是影响思维习惯形成的重要原因。心理语言学家认为,人类认知结构都是相同的,但是由于各民族生存的文化环境不同,使用的语言不同,其思维方式是有差异的。

语言哲学家们对这个问题很感兴趣:一个群体的世界观和精神活动在多大程度上依赖于或受制于其语言?认为语言的确影响其使用者的思维过程的理论被称为语言相对论。有些学者提出,不同的人有不同的语言是因为他们有不同的思维方式,他们有不同的思维方式是因为他们的语言为之提供了不同的表达方式。

象形文字是中国人形象思维突出的一个重要原因。汉字以形写意,形声一体,是平面文字。汉字很多字和字符的认知由图像识别开始,以图像的感知为基础,之后发展到汉字字意的认知阶段。而像英语这样的音素文字,其符号与意义没有直接联系,它通过声音间接地表达意义。从语言的表达习惯看,汉语是缺少严格意义上形态变化的无标记语。汉语的词汇意蕴丰富,有时句法会给丰富的语义关系让步,主观性强。汉语不注重形式,句法结构不必完备,动词的作用没有英语动词那么突出,重意合轻分析。对汉语句子的理解一般要靠语言环境、说话人的心态以及文化背景等方面因素的整体把握和约定俗成，是"人治"。而英语形态较丰富，客观性强，这就使其语言有扎实的形式逻辑基础。英语高度形式化、逻辑化，句法结构严谨完备，是"法治"。英语的句子以动词为核心，其主干旁支结构分明，主从成分层次明晰，全句形式严谨，逻辑关系明显。我国在习得汉语的过程中，受汉字符号特性的影响，形成了突出的形象思维习惯。而英美人士在英语习得过程中，受英语文字符号特性的影响，形成了逻辑思维优先的习惯。

（三）交际风格差异

交际风格是指人们在传递和接收信息时喜欢或习惯采用的方式。综合中外学者关于交际风格的研究，中美交际风格差异可概括为：直接与间接差异；线性与圆式差异；自信与谦卑差异；沉默寡言与侃侃而谈差异；详尽与简洁差异；人和任务为中心与关系和地位为中心差异。一般来说，中国人相信沉默是金，少说多听，言多必失，谈话时往往表现得非常谦卑，在谈到主题时经常是点到为止，简洁扼要；而美国人则崇尚自信，相信只有通过言语，进行详尽严密的交谈，才能达到交流和解决问题的目的。在中国文化中，人际交流的主要目的之一就是建立和促进两人之间的关系，交谈的内容也尽可能以有利于建立和谐的关系为原则。中美两种文化的交际风格差距很大，如果两国人民互不了解对方交际风格，交往过程中免不了文化冲突；如果中美双方事先对交际风格差异有所了解，交际时有意识调整自己，定能取得良好的交际效果。

（四）价值观差异

价值观是指某一社会中或者某一文化中由人们的信仰、世界观、行为准则、认知模式、道德标准、处世态度等构成的一套系统，即价值观念系统。克鲁伯和克拉克洪提出的"内隐文化"，其核心就是价值观。价值观是我们自身文化的一部分，是从小习得的结果，可以说我们的交际行为的深处存在有价值体系。价值观是文化的重要构成要素，与交际有着密切的关系，我们能够通过言语行为和非言语行为发现价值观。

第三节 跨文化交际能力类型

跨文化交际是英语和国际汉语教学中的重要环节。语言根植于文化，文化又反映出不同地域人的风俗习惯和思维方式、价值观念等信息，因而语言学习必然涉及地域文化，而交际用语是地域文化的重要组成部分。

一、语言交际

语言交际是跨文化交际中最主要的方式、语言不仅是交际的工具，而且是文化的载体。语言的范畴制约着人们对周围世界的感知方式，语言的含义体现着特定的文化内涵，语言的使用要遵循一定的文化规则。

正是语言与文化的紧密关系，使语言交际成为跨文化交际研究的核心内容之一。英语跨文化教学的教学目标是培养学生跨文化交际的能力，跨文化的语言交际是与英语教学关系最密切的跨文化交际内容。

因此，对英语教师来说，理解语言与文化的关系，理解语言交际的跨文化差异，就显得格外重要。

（一）萨丕尔——沃尔夫假说

文化影响语言，语言表现文化，这个观点一般人都会认可并接受。

不过部分语言学家在该方面又进了一步，他们指出语言不单单是文化形态的表现，同时语言结构部分或全部决定人们对世界的看法。这是美国语言学家萨丕尔和沃尔夫的观点，因为没有经过确认、验证，因此把它称为假说。一般被叫作萨丕尔——沃尔夫假说。

萨丕尔不仅是美国非常杰出的人类学家，还是一位非常有名的语言学家，他的老师博厄斯在人类学、语言学等方面有非常多的成果。

沃尔夫经历奇特，原在麻省理工学院攻读化学。毕业后就职于一家火灾保险公司，专门调查工业火灾和爆炸的起因。他虽未受过语言学或人类学方面的专业训练，但后来却转入考古和语言研究。萨丕尔在耶鲁大学教授印第安语言课程时，沃尔夫曾选修他的课程，深受他的学术观点的影响。

沃尔夫发展了萨丕尔的论点，并且明确表示："每一语言的语言系统（换句话说，即其语法）不仅是为了表达思想使之再现的工具，实际上它使思想成型，它是人们思维活动、分析种种印象、综合思想感觉的程序和指南。我们按自己的语言所规定的路子解剖自然界。我们从现象世界中抽出来的范畴和类别之所以能抽取出来并不是因为它们明明白白地摆在那里，相反，世界表现为万花筒式的各种各样的感觉和印象，这些必须由我们的头脑来组织，而这意味着大致上是由我们头脑中的语言系统来组织。"

萨丕尔——沃尔夫假说基于他们对于印第安语言的研究。例如，英语中有单数和复数之分，而在纳瓦霍语中不仅没有名词单复数，而且也不区分"他的/她的/它的/他们的"。纳瓦霍语中根据上下文可以译为：他的马、她的马、它的马或他们的马。而马在所有这些情况下既可能是单数也可能是复数。纳瓦霍语区分两种"他的"，一种是心目中与自己亲近的，一种是与自己疏远的，而在英语中却无法用 his 表现如此微妙的区别。又比如，英语的白、黑、红、蓝、绿五种颜色在纳瓦霍语中也有不同的区分，黑色有两种，而蓝、绿却属于一类。萨丕尔——沃尔夫假说认为每种语言都有自己的结构——语义范畴，这些范畴由其能动的特性可以用来对于平日的经历做出分析和归类。对于这些独特的范畴进行研究，就有可能取得有关该语言使用者的思维世界的有意义的材料。

（二）语言与文化

语言和文化是不可分离的。因为语言的出现和演化，人类文化才有机会出现和留存。没有缺乏语言的文化，也没有缺乏文化的语言。

广义的文化涵盖语言，同时文化又随时影响着我们的语言，让语言在适应文化演化需要的压力之下变得进一步明晰。

语言一方面为文化的载体，另一方面为文化的映射。而文化不单单影响词汇的演化和使用，在语法、讲话标准、篇章脉络等不少方面都有不小的影响。

另外，愈多的人发现：只了解语言的语音、语法和词汇，对语言的文化意义全然不知，绝对不会有流畅的交际。

1. 不同文化语境下的词义差异

从语言素材和文化的联系来看，语音与文化的联系最不可分离，语法随后，而语音与文化的联系不可分离的最直接表现就是词汇。

（1）一般词汇和文化词汇

部分学者把词汇分为两种，一种是一般词汇，另一种为文化词汇，认为文化词汇是指特定文化范畴的词汇，它是民族文化在语言词汇中直接或间接的反映。文化词汇与其他一般词汇的界定有以下两点：一是文化词汇本身载有明确的民族文化信息，并且隐含着深层的民族文化的含义。文化词汇的另一特点，是它与民族文化，包括上面所说的物质文化、制度文化和心理文化有各种关系，有的是该文化的直接反映，如"龙、凤、华表"等；有的则是间接反映，如汉语中的红、黄、白、黑等颜色词及松、竹、梅等象征词语；有的和各种文化存三者的渊源关系，如来自文化典籍的词语等。

将一些文化内涵非常饱满的词汇找出来对其重点分析与探讨，这对于教学，尤其是对外的汉语教学绝对有好处。不过，把这些分离之后的词统一，把它叫作文化词汇，常常会给人这样的印象：即它们并非一般词汇，而是完全不同的另一词汇。其实，不单单"红、黄、竹、梅"为一般词汇，"龙、凤"等也是一般词汇，它们涵盖其他一般词汇拥有的部分特征。对于这类词比较有效的应对措施为从词义入手。

（2）词的指示意义和隐含意义

词汇意义方面，我们认为一般作"指示意义"和"隐含意义"的辨别。

下面，我们以英语单词"politician"为例进行简单介绍。

①"politician"的指示意义

在英语里面，"politician"的指示意义一般是"从事政治，关心政治，特别是以政治为生涯的人"。

②"politician"的隐含意义

它的隐含意义通常为"不讲原则，当面一套，背后一套，能言善辩，言而无信"。

③词的概念意义和内涵意义

在进行跨文化交际活动里面，不单单要对词的概念意义等方面进行重视，更要在任何时候对词的内涵意义加以重视。

在不同的语言之间往往会有几种不一样的状况：（两种语言分别以 A、B 代替）。

①A、B 概念意义完全一样，内涵意义一样或基本一样

属于该情况的词汇就英、汉语而言数量相对较少，下面举几个简单例子说明。

a. 狐狸

狐狸不单单概念意义一样，内涵意义也一样，都涵盖了"狡猾"的义。

b. 猪

猪从概念方面看代表相同的动物，猪在英语中用于指人时涵盖"肮脏""惹人厌"等义，猪在汉语中也有跟它一样的含义。

c. 松

在汉语里面，"松"——春夏秋冬四季常绿，在严冬时节还是很坚挺，傲立于寒风中，所以常用"松"代表坚毅高洁的崇高品质，和汉语相同，日语里面也存有"岁寒知松柏，逆境见本"。

d. 莲

我国古代人把"莲"称赞作花之君子，人们因其"出污泥而不染"的形象常用它代表纯洁义在日语里面也存在跟它一样的内涵意义。

②A、B 概念意义完全一样，内涵意义有差异

该情况是 A、B 两种语言中的词汇概念意义完全一样，但它们的内涵意义有差异。或许 A 语言的内涵意义大于或小于 B 语言，或者两种语言的内涵意义完全不一样甚至相互对立。

下面找出英、汉语里面的一些词来进行对比。

a. 红

我国历史上不同的朝代会提倡或推崇不同的颜色，如夏朝提倡青色，商朝提倡白色，秦朝提倡的是黑色，而红色被提倡的朝代更多一些、时间更久一些，涵盖了周朝、汉、隋、唐、宋、元、明、清等。人们常以红色表征幸福欢乐。表现在语言应用方面，用"红"作语素的词往往都拥有兴旺、发达义，如红包、走红等，除了流传下来的旧的吉祥喜庆的含义。

在英语中红不涵盖汉语中红拥有的文化内涵，仅仅在"red carpet treatment（用红地毯接待）"中寓意对荣华富贵的客人表示尊敬和很大意义上的欢迎，好像拥有了部分喜庆的义。但还要对"red flags"在一般用法里面并非指红旗，而是增加警惕、预防出事，in the red 指赤字等加以重视。

b. 政治

《现代汉语词典》将"政治"说明为："政府、政党、社会团体和个人在内政及国际关系方面的活动。"该说明相对来说还是比较"中性"的，但在实际使用过程中常常含有好的意义，如"关心政治"意思是关心国内外大事，"政治大事"指意义重大的事情。

在英语里面，政治有下面几点含义：

第一，和统治方面有联系的艺术和科学；

第二，为获得一个国家、社会或组织中的权力而展开的一系列相关活动；

第三，政治信念；

第四，政治学。

在用于第一、第三、第四情形的意义时政治属中性；在用于第二种情形时往往表示贬义，有为争权夺利不惜使用各样式方式的意思。所以，在英语中与"关心政治"相对应的"be concerned about politics"并不是褒义。

c. 知识分子

在英语里面知识分子表示思维相关方面的问题，尤其是代表从事文学与艺术的人，从事研究、推论的人。

在这样的条件下会出现有致力于空洞理论研究却在处理实际问题方面没有任何办法的贬义。在一般情况下，知识分子不涵盖中小学教师、医生、报社记者等。

而在汉语中，"知识分子"的范畴要广泛很多，泛指"有一定文化科学知识的脑力劳动者。如科技工作者、文艺工作者、教师、医生等"。（《辞海》1979 年版）在我国即便是缺少明文规定什么人就是知识分子，但好像受过大学教育现在做脑力劳动的人全部能够叫作"知识分子"。

③A、B 概念意义完全一样，A 存在内涵意义，B 没有内涵意义

该情况是 A 语言的词汇涵盖内涵意义，而相对应的 B 语言中的词汇却缺乏跟它一样的内涵。

下面分别对几个不同词汇进行说明。

a. 松柏

在汉语中松柏四季常青，树龄可长达千年，所以表示长寿义，陵墓地多种松柏。

而和松柏相对应的英语词松树和柏树则不涵盖上面提到的相应内涵意义。

b. 鹤

鹤又称仙鹤，被视为坐骑之鸟，长生不老，所以也用以表示长寿义。很多人取"鹤年"为名，希望可以达到长寿的目的。

和鹤相对应的英语词没有上面提到的相应内涵意义。

c. 桃

桃也有长寿义，这和神话传说——西王母用蟠桃宴请为她祝寿的神仙脱离不了联系。所以在民间祝寿用的桃叫作寿桃。祝寿时特别蒸制寿桃状的面食。

与桃相对应的英语单词也缺乏上面提到的相应内涵意义。

把以上说的充满文化内涵的普通词汇排除在外，还有部分专有名词来自文学典籍，涵盖非常深的内涵。汉语里面这样的词汇非常多，因为这些名字所代表的人物源于人们知晓的文学著作，各人物都含有非常多有趣的故事，所以他们在人们心里面的形象非常鲜明。每个名字都常常可以让人们展开不间断的联想。

2. 不同文化语境下的语义差异

人们在交际过程中一定得合理使用一种语言的语音、语法、词汇，不然就会出现各样式问题，甚至让交际中断。可是，仅了解语音、语法、词汇还不能保证可以有顺畅的

交际。

人们在实际使用语言时还拥有一套语用标准。部分学者称之为讲话标准。这些标准涵盖怎样称呼对方，怎样见面打招呼，怎样告别等。这一系列问题以前常常为人们所轻视，只是近二三十年来随着社会语言学、语用学的出现与演化，随着交际教学法的流行，人们才愈加觉得语用标准的重要性。

与语言标准相比，语用标准的了解就不那么容易了。

一方面，由于语音、语法、词汇的各样式标准已经放入语音书、语法书和各样式词典中，人们有资料可查。而语用标准却缺乏这种总结文，记录于书的情况，部分文章与书有一些提到了某一条或某些方面的语用规则，但到现在都还缺乏完整的对于某一语言的语用标准的概括。

另一方面，对于语言规则人们相对自觉，而语用规则在通常情况下人们并不自觉。

在不同的文化中有不同的称谓体系。其实，在同一文化中称谓形式也在一直变化，甚至不同地区差别也不小。例如，普通话"奶奶"，上海话叫"亲妈"，潮州话叫"阿妈"。

通常而言，我们国家的社交称谓在几十年间发生了不小的变化。中华人民共和国成立以前"先生""太太""小姐"是通用社交的称谓。中华人民共和国成立之后，"同志"上升为最常用的称谓，男女老少皆可称。90年代到现在，"太太""小姐"又一次成为一般的社交称谓。

英语中社交称谓没有汉语那种非常大的变化，总体而言还是相对稳定的。不过对近几十年称谓使用观察之后能够注意到：以名相称愈来愈常见，尤其是在美国这一特征表现得更加明显，在20世纪30年代假若双方以"Mr.（Mrs.，Miss）＋姓"称呼街邻，在现在基本上都改为了用名字称呼对方。在美国人们基本都会以名相称，且很少认为不合适或对老人不够尊重。自然，假如在正式场合或是双方地位差异不小，以名相称依然不合适。对于某个特定的人需要怎样称呼要思忖度量他的身份、年龄、地位等。部分年轻教授上课第一天跟学生说以名字称呼他，但也存在很多教授不接受学生以名相称。

（三）交际与文化

这里我们将对交往过程中所涉及的中西方言语交际规则和言语交际行为的差异进行探讨。

1. 不同文化环境中的礼貌原则

中国社会通常被认为是一个以群体为主要取向的社会。在这个先决条件下，个人利益差不多可以不管，为集体，为他人，个人可以吃点亏。对西方来讲，由于人们追求自我实现，个人奋斗，人们高度重视个人权力，个人隐私；人们强调各展其才。从这个意义上讲，中国社会中，作为"礼"的衍生物——礼貌原则，肯定与西方的礼貌原则有着本质上的差别。

中国文化也被称为"他人取向"（other-oriented）文化，"卑己"是为了尊人。那么，中国人的"卑己"和西方人的"贬己"是否有相同之处呢？也不尽然，在很多场合下，二者的内涵相去甚远。因此，在东西方人交往时造成的笑话也很多。

举个例子很明显能够证明它，说的是因为西方人不清楚中国人的自谦语"哪里，哪里"，结果产生笑料。当该西方人被邀参加一对中国人婚礼的时候，他非常礼貌地对新年一顿赞美，夸新娘年轻貌美，身边的新郎代新娘谦虚道："哪里，哪里!"谁知这一名西方朋友听了不禁感叹，没料到模糊地赞美中国人还不行，一定得举例说明，接下来使用磕绊的中国话说道："头发，眉毛，眼睛，耳朵，鼻子，嘴巴，都漂亮!"结果惹得大家都哈哈大笑。

2. 不同文化环境中的交际行为

言语行为主要表示人们经由言语所实现的行为，如人们在日常生活里面你对我、我对你的称呼、问候等。

站在语言学或交际学的立场来说，言语行为是开展交际活动里面的最小单位，是更大单位的交际脉络的构成要素。人们在进行交际活动中所有的言语行为会由于不同而出现差异。

其实，展开或实现某项言语行为是一个与交际双方、你和我之间协商的回合，这一回合一定得视详尽的环境等而定。不同社会、同一社会的不同群体或言语社团在问候、道歉等不少言语行为方面都存在非常不一样且有新意的表达方式，即便是跟它一样的环境，一样的社会功能，不同文化所使用的言语行为的语句及行为有时候却完全相异，所使的手法有时候也差得很大。

下面我们对中西方"称呼""请求""拒绝""道歉""恭维""感谢"等展开对比，以提高我们对中西方文化差异的认知和了解。

（1）称呼

称呼语是一般的人际交往里面常常出现的人们之间进行交流的关系信号，它最能明显地表现出言者双方的一定社会关系与一定的社会地位。见面时给予恰如其分的称呼不单单对双方更深接触有帮助，还可以提升双方的友谊度和了解度。

但是，因为社会脉络、血缘关系和文化取向等的不同，中西方在称呼语系统和称呼语的使用等方面仍然有着不小差异。

受差序格局的社会结构、传统伦理、血缘、宗族等社会因素的影响，中国社会的称呼系统比较复杂，包括亲属称呼系统和非亲属称呼系统，每个系统都有丰富的称呼词语。亲属称呼系统中比自己长三辈的有"曾祖父、曾祖母"；长二辈的有"爷爷、奶奶、外公、外婆"等；长一辈的有"爸爸、妈妈、叔叔、婶婶、姑姑、姑父、舅舅、舅妈"等；平辈的有"哥哥、嫂子、姐姐、姐夫、弟弟、妹妹、表哥、表姐、堂哥、堂姐"等。亲属称呼有时还根据排行冠以数字，如"二叔、三姑、二舅、三姐、四弟"等；而在家中排行最大的则被称为"大舅、大哥、大姐"等。与此不同，在英美家庭中，无论是父亲的父亲，还是母亲的父亲，都称为"grandpa"，同样，无论是父亲的母亲，还是母亲的母亲，都称为"grandma"；亲属中，与父母平辈的男性都称为"uncle"，女性都称为"aunt"；而与同辈的兄弟姐妹或年龄相仿的父母辈亲属之间，一般相互称呼名字。

　　汉语非亲属称呼系统中主要有以下几种称呼类型（前面带姓不带姓都可）：（1）按职衔称呼，如"（李）局长、（张）经理、（王）主任"等；（2）按职称称呼（部分），如"（杨）教授、（李）工（程师）"等；（3）按职业称呼（部分），如"（张）医生、（黄）老师、（林）教练"等；（4）按年龄称呼，包括借用亲属称呼如（张）大爷、（李）奶奶、（王）大哥等和用"老"或"小"冠在姓氏上如"老张、小王、李老"等；（5）泛称，如"（王）同志、（刘）师傅、（邓）先生、（李）女士"等。例如，我们可以说："主任，有人找您"。"张老师，这是我的作业""师傅，请问团结路怎么走？"等等。英语中有时也用职务称呼人，但只限于对高级官员，如总统、总理、部长等；对教会人员，如神父、修女等；对一些专业人员，如医生、教授、博士、船长、军队将领等，称呼时一般使用"头衔＋姓"的方式。例如，我们可以说"President（Bush）或 Mr. President""Mother/Sister（Teresa）""Doctor/Professor/Captain（Smith）"等。

　　除此之外，正式的称呼用语还包括"Mr. /Mrs. /Miss/Ms. ＋ LN（last name）"，其中，Mr. 可用于所有的成年男子，Mrs. 仅用于已婚女子，Miss 用于未婚女子，Ms. 可用于已婚或未婚女子。

　　（2）请求

　　由于受传统文化及差序格局的影响，我国实施"请求"行为的语句要么过于"直接"，要么过于"间接"，经常以"暗示"方略请求别人做事情。在中国社会，地位较高者向地位较低者、年长者对年轻者要求做某事是"名正言顺"；地位低者或年轻人满足地位高者或年长者的要求也是合情合理的。因此，无须"间接"或"婉转"。例如，总裁可能会对秘书说："小张，把这份材料给我复印一下。"爸爸也可能对儿子说："儿子，去给爸买包烟。""平等性"关系（solidarity）或圈里人（in-group）之间相互请求时，也常常直截了当，如同学之间或朋友之间，这可能是因为圈里人相互关系亲近，在很多方面有所共享，而且把为别人做事当作自己应尽的义务和责任的缘故。"直接式"请求往往以祈使句的结构形式实现，如"过来一下！""快！""把酒打开！""帮个忙！"

　　但是，地位较低者对地位较高者或下级对上级，幼者对长者的"请求"很可能"名不正""言不顺"，因此请求者必须小心谨慎，要非常"间接""婉转"或"暗示"。说话人在请求之前，可能会尽力为其请求建立一个情景框架，使其请求听起来合理，并使对方有个思想准备。例如，要向领导或老师请假，一般不会直接说"主任/老师，我想请假"，而可能会说"主任/老师，我今天头特别疼"或者"我们家有点急事"。然而，过于间接的请求方式可能会使美国人感到十分茫然，不解其意，甚至会认为要达到什么不可告人的目的。

　　英美人在请求别人做事情时，经常使用不同的间接式言语行为来表示礼貌和文明，直接和间接的程度主要受制于被请求者和请求者的社会地位、熟悉程度、年龄、性别，以及请求内容或行为的难易程度，被请求者的社会地位越高、年龄越大、涉及的内容越特殊，间接或暗示的程度就越大。另外，"请求"行为的直/间接程度还受环境、场合、交际双方的身体距离、气氛等因素的影响。在西方，人们多用句法结构的变化来实现其请求，或依赖语句的言外之意来达到请求的目的，例如，要借别人的笔，按直/间接程度的不同，可以说"Give me a pen. Lend me a pen, please.""Hi, buddy, I would appreciate it if you'd let me use your pen.""Would you please lend me a pen.""I'm sorry to bother you，but can I ask you for a pen."等。

我国与美国人在展开请求言语行为的时候，可能不那么直接，不过理由有差异。

我国是因为传统的思维方式，以及他人或群体取向的影响和面子上的考虑而进行请求活动的，他们基本会保证不损害自己也不伤害对方的面子；而西方则和个人取向有非常紧密的联系，人们在向他人表示请求的时候，如果能委婉就委婉一些，如果能不给对方一个"强加"的感觉就不给，他们第一会思忖的是互相的面子不受破坏。

（3）拒绝

"拒绝"言语行为基本上是离不开"请求""建议"等言语行为来展开的。

影响汉语"拒绝"行为的社会因素基本上是社会地位这一点，地位较低者在拒绝地位较高者的请求、建议等言语行为时习惯用"道歉"或"遗憾"语，不过地位较高者在拒绝地位较低者时一般不使用该类语句。

不过呢，因为受"平等"或"平行"的人际关系取向的作用，西方人对社会地位高的人可没有中国人一样的敏感；反过来，他们对地位有没有平等却特别关心，如果社会地位不一样，人在拒绝他人请求、建议等时全部用"道歉"或"遗憾"语，地位平等的人也是这样的。在关系相对明朗，如亲密朋友或社会地位距离较大的人们之间，美国人习惯于使用好比"refuse"或"No"等较为直接的形式；而在关系不是非常明确，即地位较为接近、较为平等或较为熟悉的人之间，如同学、同事之间，人们尽可能地使用相对直接来说比较间接的拒绝。

综上，东方在"拒绝"语的使用方面和西方（尤其美国）的差异主要为：东方对社会地位的敏感性比西方要高，而对西方而言，关键点在于怎样经由"拒绝"语协同一个"平等"地位。

（4）道歉

一般来看，道歉是言语交际里面的补救类言语行为，也属于一种礼貌的社会行为。当交际者触及对方面子的情况下，一定得向对方表示道歉，合理的道歉方式能够拾得对方的面子，保证双方和谐的人际关系进行下去，实现最终交际目的。

道歉并不仅仅只包括"对不起""不好意思"等起道歉作用的话语，中西道歉言语行为在使用的多少等方面全部都不一样。

我国文化对集体和谐非常在意，人们常使用预防方式尽量不让矛盾出现，习惯于在很多人面前否定别人的看法或不同意其观点在不少人看来是不好的，激烈的冲突还可能对双方的面子有所损害。降低了矛盾，人们的交往也就减轻了对抗度，不随意侮蔑别人，道歉次数自然也不会很高。而西方文化对个人意见的表达非常在乎，对"个人主义"很提倡，适当程度的冲突被认为是良好的行为。为了保住"个人"的面子，人们能够争吵起来或争斗起来，你不让我，我不服你，人们一直有矛盾，也就免不了冒犯对方。所以，道歉次数自然不低。

西方社会对个人的区域、时间及其他隐私尤其看重。例如，在人非常多的公共汽车上或者百货大楼里不经意间撞到了他/她，西方人会去道歉，这是由于"碰撞"被他们看作是一种较为明显的对个人区域的侵犯。

我国对陌生人或关系较为疏远的人常会很客气，关系越远，礼貌程度越高，显性道歉（即直接说"对不起"或"很抱歉"）的频率就越高；而关系亲密的朋友和亲人双方则没那么麻烦，小的冒犯通常不需要道歉，过于礼貌却会被认为是太过见外，让人觉得很不舒服。

而在西方文化里面，所有人全被看成是独立、自主、平等的个体，涵盖家人、朋友和陌生人。因此，哪怕是被冒犯者为陌生人，或者朋友家人，全需要直接表示道歉，说一声"抱歉"。

二、非语言交际

（一）非语言交际的概念

这一部分将阐述专家学者对跨文化非语言交际的不同定义，以及它的特点和影响力。

1. 定义

对于非语言交际的定义我们不打算在此进行深入的探究，不过我们会将部分定义作简单的说明。萨默瓦与波特对非语言交际所下的定义为：非语言交际包括在交际的环境中人为的和环境产生的对于传播者或受传者含有潜在信息的所有的刺激。该定义强调了以下几点：（1）非语言交际发生在交际行为里面，涵盖进行交际的双方。换言之，并非所有动作全是非语言交际，如一个人单个跳舞时摇曳身姿不能算作非语言交际，不过一个人出席一个舞会，跟着别人和音乐开始跳舞动作，则是在展开非语言交际。（2）非语言交际可以为有意识的，也能够是无意识的。例如，因为汽车上人非常多导致乘客双方彼此距离减小，这是无意识的，不过这种拥挤现象却导致了人们彼此的非语言交际。（3）不管是哪一类非语言交际，都会涵盖一定的潜在信息。

2. 特点与影响

非语言交际和语言交际的区别主要有：

首先，语言交际是在语法标准上衍生的，有严谨的脉络，而非语言交际却缺乏正式的标准和模式，缺乏固定的脉络。所以，要合理地把握非语言交际行为常常一定得综合分析身边具体的情况才可以确定。

其次，语言交际使用特定的符号而非语言交际却缺乏一套含有确定意义的符号，英语使用 26 个字母与用字母组成的词，字母与词是对概念予以表达的相关符号。汉字为汉语的表意符号，同样含有非常确定的含义。在非语言交际里面虽然也有很多跟它一样的符号表意方式，不过，并非每个动作都会有确切的意义。

同时，语言交际在交谈的时候展开，在结束交谈的时候终止，交谈通常为不连续的。所以，语言交际是时断时续的非语言交际。与此有差异，非语言交际为连续性的。一个人迈入一个房间，不管说他（她）是否能自己感觉得到，全在不停地展开非语言交际。他（她）的衣着、行为等全在不停地传达一些信息。

最后，语言是学习学出来的，而并非生下来就知道。非语言交际的方式一方面为人类的本能，如喜、怒；部分方式则是后天习得的，后来通过学习学到的，如部分手势、服饰和对时间和空间的感觉等。

另外，站在神经生理学的立场而言，在进行语言交际与非语言交际的过程中使用的大脑"半球"有差异。现在的研究基本能够证明，在进行语言交际时大脑的左半球在展开工作，负责应对各种各样的语言刺激，做信息分析与推理。而非语言刺激，如空间的、画面的信息常常得依靠大脑的右半球进行应对。

（二）非语言的交际行为

非语言的交际行为包括肢体语言、服饰表情、空间距离和时间观念等，通过对东西方这些差异的阐述，使我们能在不同文化语境下表现得体，亦能使我们懂得包容和尊重。

1. 体态语言

体态语言包括人的肢体动作、表情眼神、服饰打扮等方面，这里将分别阐述这几个方面在中西方文化中的差异。

（1）服装与外形

人们的外貌服饰参与了交际，是非语言交际的一部分。我国有谚语说："人在衣裳马在鞍。"英语中也有类似的谚语："观其壳可知其核。（By the husk you may judge the nut.）"人们往往通过外貌和衣着打扮来判断一个人的职业、受教育程度、社会地位和审美品位。

人们在跨文化交际中也有"以貌取人"的倾向。衣着打扮得体会给别人留下美好的印象，使交际更加愉快和顺畅。衣着打扮不得体会给自己带来尴尬，甚至对别人造成冒犯。

①穿衣方式

人们的穿衣方式受到文化的影响，在一定程度上反映了其所在文化的价值观和审美观。

②佩戴首饰和化妆

是否以及如何佩戴首饰和化妆，也表现了一定的文化差异。

a. 佩戴首饰

西方国家女性喜欢佩戴首饰，特别注重饰品与衣服的搭配，对饰品款式的要求多于对品质的要求，目的是突出个性特征。

在大多数西方国家，已婚男女一般都戴结婚戒指，一方面表明自己的已婚身份和对婚姻的忠诚，另一方面也避免社交中的误会和尴尬。而我国女性戴首饰不如西方人那么普遍，如果要佩戴首饰很多人喜欢戴贵重的金银或珍珠首饰。

我国大多数已婚人士不戴婚戒，男性戴戒指的就更少了。因为中国人对戴金戒指的男性往往有一种负面的印象，觉得有点张扬，像个暴发户。不过在国外工作的时候，中国的已婚教师可能会因为不戴婚戒而引起别人的误会，有的外国人看到你没有戴戒指，会以为你还是单身。因此，中国教师要注意到中外文化在佩戴首饰方面的差异，避免引起跨文化交往中的误会。

b. 化妆

在化妆方面，我国文化强调内在美和含蓄美，因此中国女性经常化妆的比较少，即使化妆也一般是化淡妆。相比之下，西方和其他很多国家的女性一般都化妆，而且妆化得比较浓重。为此还专门问过留学生对女教师化妆的看法，大多数学生认为女教师最好是化妆，因为这样一方面会让自己更有自信，给别人留下美好印象；另一方面也体现了对他人的重视和尊重。同时留学生也认为，女教师化淡妆比较得体，因为浓妆艳抹会分散学生的注意力。

（2）表情语言

面部表情往往是人的内心情感的自然流露。在交际中人们首先通过对方的面部表情判断他的真实情感和意图。在跨文化交际中，我们发现，有的文化里人们的面部表情比较丰富，喜怒哀乐溢于言表，而有的文化里，人们的面部表情比较含蓄平和，从面部表情较难看出内心的感受。

一般来说，拉美国家和阿拉伯国家的人们面部表情比较丰富，阿拉伯人往往比较夸张地表现自己的喜怒哀乐。西班牙、意大利等国的男性在公共场合哭泣被看作是自然的事情。相比之下，东亚国家的人，特别是男性，表情比较平静和严肃，不苟言笑。我国平静含蓄的表情经常给西方人留下一种"不可捉摸"（inscrutable）的印象，英语中"不可捉摸"这个词的本义就是"因为面部没有表情，别人无法知道他的想法和感受"

如何运用面部表情体现了不同文化对于情感流露的不同理解。日本人认为，一个人在公共场合克制自己气愤、悲伤、爱慕、高兴等强烈情感的流露是智慧和成熟的表现。韩国人认为微笑太多会显得这个人浅薄、轻浮。我国也有"男儿有泪不轻弹"的说法，一个男子在别人面前轻易掉眼泪，会被认为缺乏男子汉气概。另外，在集体主义文化中，当众表达负面的情感会破坏人际关系的和谐，因此，集体主义文化的人常常克制自己负面情感的流露。

微笑是人类非常常见的一种面部表情，也是最容易引起跨文化交际误解的一种表情。微笑通常表示快乐和友好。

但在亚洲文化中，微笑还有一些其他的含义，它既可以表示愉快和欣赏，也可以表示害羞、尴尬、生气、抱歉、拒绝、否定等含义。

日本人还常常用微笑掩盖内心的痛苦。我们在日本电影中看到过这样的情景：家里亲人去世了，男主人仍然面带微笑招待客人。这种非语言交流形式对欧美人来说是很陌生的。

亚洲学生在西方课堂上有时会用微笑来回应老师的提问，就让西方老师感到很困惑。西方老师以为微笑表示有意愿回答问题，可是亚洲学生并不想回答问题，只是微笑。亚洲学生在这种情况下的微笑可能有两种含义：一是不知道怎么回答，用微笑表示拒绝；二是不好意思在大家面前说话，这里微笑表示害羞。如果西方老师不理解微笑的这些特殊含义，就有可能产生误会。

微笑的使用对象和场合也体现了文化的差异。在东亚国家，人们较少对陌生人微笑，对陌生的异性微笑更为少见。如果男性对一个陌生的女孩微笑，可能会被认为是不怀好意。而年轻的女子对陌生男性微笑，则会被认为有些轻浮。德国人也只对认识和熟悉的人微笑。但是在美国，特别是在乡村和小城镇，陌生人在路上点头微笑或打招呼的现象很常见。

（3）眼神

人们常说，眼睛是心灵的窗户，眼神的交流也传达出人们内心的情感和对别人的态度。对于眼神交流，不同的文化有不同的做法。眼神的直接交流在一种文化中被看作是礼貌的行为，但在另一种文化中则可能被认为是不敬和冒犯。

在大多数西方人看来，交谈时直视对方的眼睛是感兴趣、诚实和自信的表现，眼神游离被认为是不专注或者不真诚的表现。阿拉伯人在讲话的时候也直视对方的眼睛，以示尊敬。但在东亚和拉美的一些国家，交谈中直视对方的眼睛是一种不敬，特别是下级对上级、晚辈对长辈说话的时候，俯首低眉、不直视对方的眼睛才是恭敬的表现。

眼神注视的时间长短也有文化的差异，日本人把长时间注视别人看作是一种无礼和不敬的行为。

而在阿拉伯国家，男性之间长时间的注视是得体的。在他们看来，注视别人既可以表明自己对对方所谈内容感兴趣，也可以了解对方言语表达的真实意图。

同样属于西方文化，有的学者观察到德国人会在谈话中直视对方的眼睛。从德国人的角度来看，这是诚实和对谈话感兴趣的表现。

（4）手势

手势是交际中经常使用的肢体动作，虽然很多手势的动作具有普遍性，但是手势的含义却因文化而异。

有的手势在一种文化中是正面的、幽默的、无害的动作，但在另一种文化中可能就是负面的甚至是冒犯的动作，很容易引起跨文化交际中的误解和冲突。

①竖大拇指

竖起大拇指在我国文化中意味着"很棒"，在美国文化中表示"没问题"，在日本文化中代表"男人""您的父亲"，但是在阿拉伯文化中，这个手势却是一种侮辱性动作。

②食指与中指交叉相叠

食指与中指交叉相叠在我国有些地方表示数字"十"，在英语国家则表示"祈祷幸运""祝好运",在越南文化中这个手势则是下流的动作。

③大拇指和食指围拢成一个圆圈

大拇指和食指围拢成一个圆圈在不同的文化中也有不同的含义。

在美国表示"OK"的意思，在日本和韩国表示"钱"。

④ "V"手势

"V"手势是很多国家的人们都熟悉的一种手势。

20世纪40年代，英国首相丘吉尔使用了这个手势，使这个手势迅速流传开来。"V"手势一般表示"胜利"（victory）。

但是，如果"V"手势的手心朝内、手背朝外，在英国、澳大利亚、新西兰则是下流的动作，也表示对于权威的轻蔑。

"V"手势后来还有了一个新的含义，表示"和平"（peace），这个含义是在二十世纪五六十年代美国民权运动中逐渐形成的。

大多数我国更熟悉"V"手势表示的"胜利"含义。

2. 时间观念

时间观念是非语言交际的重要维度，也是价值观的一种体现。人们如何看待和使用时间是在特定文化中慢慢习得的，带有文化的特征。

我们在前面讨论价值观的时候，谈到不同文化的时间观念可分为过去取向、现在取向和未来取向，那是关于不同文化如何宏观地看待和处理时间的方式的划分。

在这里我们要讨论的是另一种使用时间的方式，即日常生活中人们对非正式时间的使用问题，是不同文化的人们看待和处理准时、预约、最后期限等问题的方式的特点。

（1）时间观念

珍惜时间可能是所有文化都具有的价值观。

在英语中人们熟知"时间就是金钱"的比喻，在汉语中也有"一寸光阴一寸金"的谚语，然而不同文化对时间的理解却不尽相同，反映了不同的文化模式和观念。

在西方文化中，时间被看作是金钱，是一种有价值的商品，是有限的资源，而且时间好像是可以量化的具体东西。因此，以上的英语句子里使用了可导致数量变化的动词来表达时间，具体来看有以下几个点："赠予（give）"，"丢失（lose），""花费（spend）"。"浪费（waste）"，"耗尽（run out of）"，"节约（save）"，"投资（invest）"。

时间的隐喻是文化的体现。西方文化用金钱和商品来比喻时间，说明这种时间观念是工业化社会的产物，与效率和竞争等观念相联系。

（2）单时制文化与多时制文化

美国教育家霍尔根据人们对于非正式时间的使用特点，把世界上的各种文化大致分为单时制文化和多时制文化。

什么是单时制文化？按照霍尔的解释，单时制文化中的时间是线性的，像一条道路或一根带子，可以切割，可以向前延伸到未来，向后延伸到过去。单时制文化的人们通过计划和预约来控制时间，在一段时间里只做一件事，强调准时、预约和最后期限。具有单时制文化特点的国家有北欧、西欧、北美等地区的国家，以及澳大利亚、新西兰等。

多时制文化中的人们遵守的不是物理时间，而是生理时间。他们不是把时间看成一个线性的东西，而是认为时间是围绕着生活的。他们的生活节奏相对较慢，在同一时间内往往做多件事情。工作常常被打断，计划也经常改变。对于多时制文化的人来说，维持人际关系的和谐比严格遵守时间更重要，因此他们更重视人情而不是计划，以一种综合和灵活的态度看待生活。具有多时制文化特点的国家主要是非洲、西亚、南亚、东南亚以及拉美等地区的国家。

一种文化具有单时制文化还是多时制文化特点与其科技发展和工业化的程度有密切的关系。工业化程度高的国家多具有单时制文化的特点，因为现代化工业社会强调精确、准时和效率。传统的农业化国家则大多具有多时制文化的特点，农业社会中人们"日出而作，日落而息"，按照自然的节奏生活。在同一种文化中，相对而言，城市人多遵守单时制时间模式，农村人多遵循多时制时间模式。

单时制与多时制的时间观念还与文化模式及价值观有一定的联系。一般来说，个体主义文化强调个人的独立和自我实现，大多遵循单时制的模式，北美、西欧、北欧等地区的国家以单时制文化为主，其中美国是单时制文化的典型代表。集体主义文化强调人际关系的和谐，因此大多具有多时制文化的倾向。非洲国家、拉美国家具有比较明显的多时制文化的特点。东亚国家、南欧和东欧国家则同时具有单时制和多时制文化的一些特点。

单时制文化和多时制文化的划分并不是绝对的，而是某种文化更多地体现出单时制还是多时制时间观念的特点而已。个人的时间观念或倾向会因为场合和环境的不同而变化，有的人在工作环境中遵循单时制的时间模式，而在私人生活中则运用多时制的时间处理方式。

因此，我们判断一个人或一种文化的时间利用特点时要充分考虑语境的因素和个体的差异。

另外，单时制文化和多时制文化各有特点，并不能说哪种时间模式比另一种模式更优越。单时制和多时制各有利弊，很难说哪种倾向更好。单时制重视计划、讲究效率，但是多时制可能更灵活、更人性化。

（3）准时

准时是现代生活中一个十分重要的时间观念。但如何看待准时，不同的文化有不同的方式。

在西方国家的正式会议上，做演讲或报告的人需严格遵守规定的发言时间，很少会有人发言超时。老师上课也是按时下课，拖堂会引起学生的反感。

B. 中国

但是在中国，许多人发言会超出规定的时间，有些人说"我只说几句"，结果讲了半个多小时，这种情况会给注重准时的人留下不好的印象，认为发言者不尊重别人的时间，或者缺乏演讲的技能。

③对准时的理解不同以及是否注意做到准时

这是比较容易引起跨文化交际误解和摩擦的一个方面。

在非洲一些国家任教的中国老师常常抱怨当地提供公共服务的维修人员做事不准时，给他们的生活和工作带来了烦恼和不便，于是对当地人产生了做事不守时的负面印象。

在中国留学的日本和韩国学生常说他们弄不懂中国人说的"等一会儿"和"马上"的含义，与中国朋友约定见面，中国朋友说"马上就到"，结果等了半个多小时中国朋友才到，因此他们觉得中国人不在乎耽误别人的时间，以上这些跨文化交际中出现的负面印象和误会都与时间观念有关。

3）准时的制约因素

但是准时的概念受到场合和语境的制约。

在西方国家，参加与工作相关的正式活动或约会必须要准时，迟到十分钟都是很尴尬的事情，需要道歉。听音乐会或观看演出也需要准时到达，如果迟到了，一定要等到中场休息或一段表演结束才可以进场。但是出席非正式的社交活动，特别是应邀去朋友家做客，迟到15～30分钟却是合乎礼仪的，而提前到达往往会给主人带来不便和尴尬。

这样的习俗与我中国的习惯正好相反，当我们到朋友家拜访或者参加社交聚会，准时或者提前一会儿到达是礼貌的，表示对主人的尊敬和重视。而且尤其当对方是长辈或地位高的人时，就更不迟退到了，否则会给对方留下傲慢无礼的印象。

（4）计划性

上文中我们对其已有简单论述，而现在将对其进行详细的阐释。

①单时制文化和多时制文化

a. 单时制文化

单时制文化讲究计划性，做事情注重提前安排和预约。

例如，西方的学校和公司一般都会制订较具体的中期和长期计划。美国学校每个学期的课程安排往往在半年以前就确定好了，海外学习项目大多提前一年或者半年已经做出规划。

b. 多时制文化

多时制文化比较缺乏具体的中长期规划，临时改变计划的情况也时常发生。

例如，我国有多时制文化的一些特点，我们常说"计划赶不上变化""车到山前必有路""跟着感觉走"，这些说法在一定程度上反映了中国人对于计划性的态度。

所以，我国一些学校或团体提前一两个月邀请海外专家学者参加会议时，这些学者往往不能成行，因为他们一般提前半年或一年就做好了自己的工作规划和安排，难以再另外抽出时间。

②人际交往方面

在人际交往方面，如果邀请某人见面或请客吃饭，美国人一般在一周之前就发出邀请，目的是让被邀请者做好自己的时间安排，临时发出的邀请往往会被拒绝，这样的邀请会被认为是不尊重对方的时间或者缺乏诚意。

而我国发出邀请的时间要短一些，有的时候到提前一两天才提出邀请，临时起兴而提出邀请的情况也会出现。

③预约方面

时间的计划性还体现在预约方面。由于现代通信技术的发达，人们在见面之前一般都会预约，不会出现"不速之客"的情况。但是单时制文化的人对预约的要求更加严格。在我国，与同事或上司谈话往往不需要提前约定，下属经常直接到领导的办公室说："我能跟您谈点事情吗？"在多数情况下，领导会放下手上正在做的事情与之交谈。去行政部门办事，一般也不需要提前预约，直接到相关办公室咨询或办理就行了。

④最后期限

最后期限也是时间计划性的表现。有人笑称，英文的"最后期限"的直译是"死亡线"，意思是"如果你超过这个期限，你就死定了"。然而履行最后期限的严格程度因文化的不同而不同。

西方学校的教学计划中会明确规定学生交作业或论文的时间，超过最后期限就要自己承担后果，如会被扣掉分数甚至取消成绩，而且没有任何商量的余地。美国大学里经常有学生为了赶在最后期限前提交论文或作业而整夜不睡觉，说明他们非常重视最后期限的规定。

但在我国，最后期限的执行一般不会那么严格。虽然学术会议都有提交论文的截止日期，但很多人并不严格遵守，而且主办方也常因此推迟论文提交的截止日期。如果学生晚交了作业或论文，老师也很少因为过了期限而实行真正的处罚。

这种对最后期限执行情况的不同，说明单时制文化强调任务的完成，而多时制文化强调人际关系的和谐。

3. 空间距离

空间利用也是非语言交际的重要内容。

空间的利用方式体现了特定文化中人际关系的特点，反映了文化的差异。

当空间利用方式不同的人们在一起交流的时候，如果不留意则很容易产生跨文化的误解甚至冲突。

（1）个人空间

个人空间是围绕在自己周围的无形的空间。每个人都需要个人空间，一般来说，别人的个人空间要受到邀请才可以进入，否则是一种冒犯。但是这个空间的大小取决于一个人与周围人的关系以及他的心情、文化背景和所进行的活动。

个人空间的大小与文化有密切关系，特别是与"隐私"观念有关。西方文化非常强调个人的隐私，在他们看来，个人空间就是隐私的一部分。英语谚语"一个人的家就是他的城堡"（A man's home is his castle）就反映了西方文化对个人领域的重视。

西方人对个人空间非常敏感，对侵入个人空间的行为也反应强烈。所以西方人站在电梯里一般都身体挺直，表情严肃，表现出当个人空间被占领时的紧张和警觉。从别人身边走过一定要说"不好意思"，表达对占用别人个人空间的歉意。进入别人个人空间有时甚至还会引发冲突和严重误会。

美国人把门当作是否可以进入个人空间的信号。美国人工作时一般都敞开着门，这意味着他的办公室是公共空间，欢迎别人进入；如果工作时关着门就表示这是个人空间，不希望别人打扰。

在我国，办公室的门一般是关着的。所以，中国教师刚到美国时，总是一走进办公室就随手关上门。后来发现在自己的办公时间（Office Hours）里从来没有学生来找过自己，问了其他的美国教授才明白，办公时间里办公室的门应该是开着的，美国学生看到办公室关着门就会以为老师不在或者在做自己的事情，他们一般不会敲门打扰的。

西方人的个人空间概念还延伸到其他方面。西方的家长一般不随便查阅孩子的日记和书信，否则会引起孩子的反感，认为侵犯了他们的个人隐私。客人来访一般也不会随便翻阅办公室或客厅里的书刊和照片，表现出对他人隐私的尊重。

在法国，使用别人家的卫生间被认为是一件不礼貌的事情，至少是一件尴尬的事情。因此，客人要事先询问："我可以使用你家的卫生间吗？"

由于受集体主义价值观的影响，也由于人口众多造成的空间相对拥挤，我国的个人空间观念不像西方人那么强烈，对占用他人的个人空间也不是很敏感。

在工作环境中，虽然办公室一般关着门，但是同事之间一般简单敲门或不需要敲门即可进入；在家庭中，每个房间的门都是敞开着的；在中国人看来，家庭成员之间没有隐私，放在客厅或办公室桌子上的照片或书籍也不是什么秘密的东西。这些想法和做法在与西方人交往时就有可能产生误解，被西方人误认为没有礼貌。

（2）人体距离

美国人在非正式聚会上，两个普通朋友的谈话距离一般为高个子的一条手臂的长度，大约是0.9米，过近或过远都会有不同的含义或解释。如果异性之间的谈话距离比这个近，会容易让人以为是更亲密的关系或者认为是一种冒犯。但是在拉美国家，与刚认识的人的谈话距离却是0.6~0.8米。

试想如果一位拉美国家的女性与一位美国男性谈话时的距离是0.6米，不同文化的人对他们之间的关系会有不同的解读：美国人会感觉他们之间是亲密的关系，而拉美人可能认为他们只是一般的朋友。

人体距离的远近反映了文化价值观的不同。一般来说，以个体主义文化为主的国家，如北美国家、英国、德国、丹麦、澳大利亚等，人们的谈话距离比较远，因为他们更重视个人的隐私和独立性，所以他们对于个人空间被侵入就会更敏感。集体主义文化的人们强调互相依靠，集体成员在一个相对较近的距离内工作、生活、休息和娱乐。中国人的谈话距离比英美人的要近。阿拉伯国家和拉美国家的文化也属于人体距离比较近的文化。

地理环境也是影响人体距离的一个重要因素。在国土辽阔、人口密度小的国家里，人们的平均空间较大，人体距离也就比较远。而我国人口众多，特别是大城市人口密度大，人们对于拥挤的容忍度比较高。因此，人体距离也比较近。

（3）座位的排列

座位的排列体现了人们对于人际关系的理解，而且以一种直接或微妙的方式影响人与人之间的交际。不同文化中的人们会根据座位位置来推测对方的地位，美国人会下意识地认为坐在桌子两头的是地位高的人，而我国则觉得地位高的人会在桌子的中间位置。

价值取向影响了桌椅和座位的排列。中国、日本、韩国等东亚国家的办公桌排列是聚合式的。我国的国有企业或事业单位里，办公室的桌子通常是两个或三个相对摆放，人们面对面而坐，在日本和韩国的公司里，普通职员大都坐在一间大办公室里的一个长方形桌子的两边。这样的桌椅安排便于员工的交流，强调的是合作与协调，是集体主义价值观的体现。而在西方的办公室里，桌椅的排列则是分散式的。每个人的桌子往往面对着墙，或者用隔板隔开。这种排列方式强调的是独立性、隐私和效率，体现了个体主义的价值观。

在社交场合里，正式宴会的座位排列在所有文化中都具有相对严格的规范。

在亚洲的很多文化里面，尊卑有序是座位排列的基本标准。一般最重要的客人或者年龄最大、辈分最高的人常常坐在朝着门且距门最远的位置，主人坐在他的跟前；离门最近的座位，常常是辈分或地位最低的人坐的位置。

不过，我们来看西方，男女分开坐是座位排列的一种最常见标准。饭桌一般为长方形，男女主人各自坐在桌子的最远端，最尊贵的女客人坐在男主人跟前，而最尊贵的男客人坐在女主人的跟前，在非正式的社交场合，如一般聚会，座位安排也有着文化的不同。在英美国家，两人交谈的过程里面所坐地方的差异显示了两人关系的差异：两个人分坐桌子一角的两侧，寓意关系不错；两人并排而坐的话则寓意关系亲密；两人面对面坐的话，往往寓意关系不紧密或有潜在竞争。所以，通常只有夫妻与情侣才同坐在桌子一边，而关系较远的人基本上都会对面而坐。

不过在我国，一般的朋友或熟人常常也爱并排而坐，即便在相对正式的场合，第一次见面的双方也往往会并排而坐，寓意关系的亲近。这种坐法的不同在跨文化交际中也可能会产生误会。

在教育环境中，教室中的桌椅排列方式反映了不同的教学理念和师生关系模式。虽然桌椅的排列方式受到学生年龄、人数、教室格局等因素的影响，但是在一定程度上也反映了文化观念的不同。

一般来说，常见的教室座位排列方式有以下三种。

① "一"字形排列

这是最常见也是最传统的教室布局。学生的座位都面向教师，教师站在前面讲课，而我国许多教室的前方还有一个讲台。这样的教室座位排列一方面突出了以教师为中心的讲课模式，另一方面也强化了师道尊严的师生关系。这样的课堂布局便于教师传授知识，但是不利于学生之间和师生之间的互动，不太适合以培养技能为主的语言训练课堂。

②马蹄形排列

在课堂上老师站在或坐在前面，学生围坐在排成马蹄形的桌子旁。这种布局方便了师生之间和学生之间的交流和互动，也体现出教师与学生之间比较平等的交流。这种教室布局方式在西方的课堂上使用较多，特别是在小班授课、语言训练课、研究生的研讨课等课上比较常见。

③圆圈形排列

学生分成若干小组，围坐在不同的桌子旁。这种教室布局特别适合小组活动的开展。在这种环境中，教师的角色由知识的传授者变成了学习的组织者和辅导者，体现了以学生为中心、重视合作式学习方法的特点。西方的学校课堂或者以交际模式为主导的语言训练课堂多采用这样的排列方式。

第二章 高职学生跨文化交际的影响因素

随着我国对外开放程度的逐渐深入，现在的高职院校更注重如何联系实际培养学生的知识和技能，更加鼓励培养学生的交际能力以及跨文化交际能力。文化受各国具体的历史传统、宗教影响、价值观念、社会组织、风俗习惯、政治经济等因素影响。本章将从影响高职学生跨文化交际的环境因素、语言因素、心理文化因素等方面进行分析。

第一节 环境因素

人作为社会生活的主体，对自身和他人在文化方面的认识仍有待提高，只有人们在对自己、对某个人、对一个群体、一个民族的文化身份研究清楚的情况下，往往才能够更好的"知彼知己"，与他人或不同文化背景下的人更好地交际。同时，伴随着近年来人类对人体生物方面认识的提高以及相对应的生命科学有关理论和实践内容（如克隆人的有关技术有可能会延长某人的寿命等）的迅速发展，我们有更好的条件来提高我们对人类自身和相关文化的认识。

但是有一点需要注意的是，只有我们在与他人或不同文化背景下的人交际时自尊自信又不妄自菲薄，同时提高自己的审美水平和认知水平，避免出现"夜郎自大"、好坏不分、没有辨别标准的情况出现，才能在跨文化交际中有一个更好的表现。

通常情况下我们认为：环境对交际的影响是很大的，对跨文化交际的影响也是很大的，因此，环境的影响被我们排在首位。那么，其他人对交际行为是怎样定位的呢？

环境因素对跨文化交际的影响主要分为以下几点：（1）物理环境因素。主要涉及自然方面，如地理环境（地质是什么地质、地貌是什么地貌等）、气候环境（热带、温带还是寒带等）、房屋建筑的风格（是庭院类开放式的，还是小型别墅类"封闭式"的房屋等）、是否有美丽的风景（如风景区吸引外来游客等）。（2）社会环境因素。包括不同角色人物间的关系，不同身份下的人物的交际联系等。（3）心理环境因素。主要说的是我们对有关方面的物理环境以及社会环境方面的观察和认识情况。

一、物理环境因素

环境是文化的一个重要调整手段，被称为"文化的调节器"。

对物理环境因素的有关介绍需要我们首先注意：其中的"物理"并非我们学习的理科类学科，而是指文科意义上的物理：即地理、气候这些方面，更偏重地理学科所研究的内容。下面我们分别对其进行具体介绍，目的是帮助读者更好地认识这些内容。

（一）地理环境

通常情况下我们认为：地理环境就是平常所能见到的一系列地面上所能看到的景物、面貌等，如平原、河流、谷地、山峰之类。其实不仅包括这些方面的内容（有无平原、有无河流、有无、谷地、有无山峰等），还包括其深层内容（平原面积多大、河流覆盖广度、水资源蕴含多少、山峰的形成规律以及这些资源给人们带来的影响等）。

在地理环境表层内容和深层内容的共同作用下，地理环境往往会对人们如何进行生产或获得粮食方面的时间、活动、人类的结构、人们的社会行为等方面造成影响，进而影响到人们的社会交往的一系列内容。

1. 中国

孔子说："知者乐水，仁者乐山；知者动，仁者静；知者乐，仁者寿。"程颐进一步对"知者乐水，仁者乐山"的相关思想进行思考分析时提到："乐者好也。知者乐于运动，若水通流；仁者乐于安定，如山之定也。知者得其乐，仁者安其常也。"在我们看来，孔子的理论将"知者"与"仁者"比为"水"与"山"，把通常下我们所认为的安定的山和流动的水联系起来，"寓山于水"所代表的往往是一种亚洲大陆文化方面的有关特征。那么什么是亚洲大陆文化方面的特征呢？下面我们来具体论述。

我们国家的地理位置首先有一定的特点——处于一个"半包围圈"中，一半是海洋（太平洋），另一半是高山（喜马拉雅山脉），先代的人们没有足够的能力去克服这些天然屏障，进行进一步的文化开拓，因此，在现有资源的基础上，在我们国家已有的，能够进行利用的黄河流域（温带气候，适合农耕）进行生产生活，进而形成了以农业发展为主，重农的"小农经济"，并养成了与其相应的生活习惯。在这种条件（地理位置方面的条件和气候方面的条件）下生活的人们，常常是"我耕田来你织布，我挑水来你浇园"，表现出来就是男耕女织，自给自足，不需要与外人的沟通、交际等一系列的活动。因而，长期发展之下我国的民族性格呈现出以下几个要点：①经济方面偏于小农化。②国家方面偏于家庭化。③社会方面偏于等级化。④礼仪方面偏于规范化。

2. 西方国家

西方国家的文明发源地一般情况下被认为是在古希腊。希腊被为欧洲大陆所"包围"，其地理特征表现为四面环海，土地资源少，尽管其气候方面（地中海气候）也允许其发展农业经济，但土地资源却限制了其有关方面的一系列发展，因此，他们必须找到新的生存之道，即出国跨海与他国产生交际，以拓宽自己的生存道路和途径。

他们拓宽生存的道路和途径往往表现为以下几种方式。

（1）出海探险

出海探险，是把老人和孩子留在家乡，青壮年都出去冒险的一种生存方式。把老弱妇孺都留在故土，却把家庭核心的青壮年"拉出去"探险，家庭往往不像家庭，传统的家庭模式也逐渐分解。

（2）互立契约关系

古代的科技、认知等方面相对现在落后得多，人们在面对大自然海浪凶险，必须要互帮互助、同舟共济，才能基本保证人们的安全。在这样的情况下，人们之间互相结成了平等的契约式关系，并为其之后航海方面和商业经济方面的发展奠定了基础，也为其他国家的文明发展起到了一定的带领作用。

（3）形成一定组织

人们探险所得的珍宝等一系列新鲜事物，往往由商人出手进行商品的一系列交换，商人们会集居在城里，并组合或联合形成一定的组织团体，发展成为"民主式"社会。

除此之外，由于希腊人经常的活动地点是在海上，往往就形成了好"动"的取向，求变、好奇成为海洋文化的特点，这也影响着他们形成好"交际"、喜欢"新鲜事物"、勇于"创新"、积极"寻变"的民族性格。

德国哲学家黑格尔被人们认为是继承古希腊人眷恋大海精神的代表，他对海洋的赞美之词为人们所津津乐道："大海给了我们茫茫无定、浩浩无际和渺渺无限的观念；人类在大海的无限里感到他们自己的无限时，他们就被激起了勇气，要去超越那有限的一切。大海激励人类从事征服、从事掠夺，但同时也鼓励人类追求利润，从事商业活动。……他便是这样从一片稳定的陆地上，移到不稳定的海面上，带着他那人造的地盘'船'——这个海上的天鹅，它以敏捷巧妙的动作，破浪而前，凌波以行。"

（二）气候环境

气候环境指有气候有关的一系列方面的环境。所谓气候，既包括我们平常所说的气温，还包括与我们生活息息相关的湿度等，是我们人类生活所必须赖以维持的"物理方面"的环境。它在人们的生活中形成一定"大的自然背景"，起一定的"烘托作用"，对人们的交际行为产生比较微妙的作用。过去常常是"说不清，道不全"，后来人们对气候进行分类，把气候依照气温、湿度等方面的不同类别大致划分为寒带气候、温带气候和热带气候等，并开始使用其作为我们日常生活的气候标准。

在不同的气候环境影响下，人们有着不同的生活习性。

1. 不同居住环境下人们的面貌不同

居住在不同气候环境下的人们常常会呈现出不一样的面貌，如生活在温带气候范围内的人们与生活在寒带气候范围内的人相比显得更加温和一些，而与生活在热带气候范围内的人相比，生活在温带气候范围内的人们则显得那么不够"热情"。

2. 季节变化引起的社会现象

季节或气候变化与人的社会行为的关系越来越引起人们的关注。有人发现，人在不同的季节里，身体感觉会不一样，精神状态会不一样，工作热情也会不一样，所以工作效率也就不一样。

(三) 房屋建筑的风格

一个地区中相关建筑物有什么样的物理结构，会使用什么方式进行装潢，往往离不开与其所处地域的文化方面的熏陶和渗透，而文化在其中的作用是被人们忽视的。在这样的情况下，人们在交际方面的一系列行为也会受到其影响并产生不同的行为表现。

1. 中、美对比

(1) 中国

我国的地理环境影响下的房屋建筑的风格是"封闭"的，往往表现为显露出来的"墙""园"。我国筑墙技术闻名于世，从长城到紫禁城，从村落的土墙到家户的院墙，从四合院的砖墙到田间的竹篱笆。无论国家还是家庭，城市还是农村，工厂还是学校，墙连墙，墙套墙，高的、矮的、宽的、窄的、土的、铁的、木头的、竹子的。长城万里，围定中原；城墙座座，护定都镇；小家院墙，隔划街里。

"校园""家园""公园"，所有"园"字也都是用方框围起来的。以我国的四合院为代表的高深院墙往往也能反映出一定的文化方面的内涵：每个四合院好比历史隧道，代表着传统文化。传统的北京民宅里巷有着庄严肃穆之感，四合院是有等级的，是家长制的，偏正分明，主次有别。当人们走在两面高墙之下的巷道，会有压力之感，因为巷道是有权力的。但北京又是富有人情味的，会使人觉得这街、这巷，与自己都有些渊源关系似的。

(2) 美国

美国往往更加注重对空间划分的开放态度，即美国城市的空间隔离度往往都比较高，大到企业、工厂，小到学校、个人住宅等，都是或多或少的美国空间划分的"好隔离"形象，还常常会出现：乡村中农户之间的空间距离可能漫无边际；进入某一所大学后可能完全分不清楚学校的起点和终端，分界线似乎是不存在的，但分界线也的确是存在的——它存在于美国人的心中。

以美国纽约的大都市景象为代表，这座城市的大街是以坐标和数字编码组成的，这座大城市是个千位数，街道是百位数，小巷是十位数，住宅是个位数。在这样的情况下，传统中国人和美国人在生活节奏方面、人际交往方面、信仰方面往往也是不同的：老北京的生活节奏可以说是慢悠悠的，安详宁静，充满了人情味；而纽约的生活节奏是快速的，充满了竞争和压力。北京的四合院主次分明，相互依存，渗透着等级差异；纽约林立的高楼大厦是平等的、独立的，你我分明，老北京人人际交往是迂回的、含蓄的、模棱两可的；纽约人人际交往是直截了当的、坦诚直率的、赤裸裸的。北京城是"静"的城市，崇尚精神，与自然和谐；纽约是"动"的城市，崇尚物质，与自然竞争。

可以说，是完全不同的城市建筑影响了两国人民的民族个性，产生了两国人们不同的思维方式和交际风格。

2. 美、日对比

首先，美国和日本的房子结构方面就有一定的差异。

（1）房子的用途方面

美国的很大一部分房子都有专门的用途：专门用来吃饭的餐厅、专门用来睡觉的卧室、专门用来挂衣服的衣柜、专门用来做饭的厨房、专门用来接待客人的客厅等；而在日本，用来吃饭所需要的餐厅、用来睡觉所需要的卧室、用来挂衣服所需要的衣柜、用来做饭所需要的厨房、用来接待客人所需要的客厅等，全都可以由一间房子里"一起"进行，并不冲突。

（2）房子结构方面

美国（以及其他大多数国家）的房子往往采用墙壁分隔开来，用来保证人们的一定隐私；而在传统的日式房子里，人们往往不会看到墙壁，其会被活动拉起墙所隔开，这与日本这个国家人们的生活习惯和其他因素（如地震多发）也有一定关系。

（3）房间配置方面

美国（以及其他大多数国家）的房子往往会配置很多用得上的家具，且家具一般是靠墙放置，这样不会占太多必要的空间。家具一方面可以提高人们的房屋美观度，另一方面可以提高人们的生活舒适和方便程度；但是日本人所住的房间里家具往往很少，有的只是一个简单的小桌子（常常放在房子中间），和不能称之为家具的小垫子：学习或者吃饭时，桌子就是课桌、饭桌；晚上睡觉时，桌子就会被移开放到别处，睡觉所用的垫子会被放置到原来桌子所放置的那个房间，平常学习、吃饭的房间就焕然一新，摇身一变成另一个房间——人们的卧房。

（4）浴卫安置习惯方面

美国人有把浴室与卫生间常常会安放在一起的习惯，而在日本人的房子里，浴室与卫生间是一定会被分开的，根本不可能会看到"浴卫共处一室"的现象。

（5）生活习惯方面

此外，日本的房屋建筑风格的特别之处还有很多，如在传统的日式房子里，往往不会出现进入自己的房间后，把自己独自锁在里面的情况，这与美国（以及其他大多数国家）的情况都有所不同；传统日式房子地板铺的是草席，人们进门前要先脱鞋等。

3. 阿拉伯房子与中、日、美房子对比

（1）阿拉伯与我国房子对比

阿拉伯的房子大部分是与我国古代建筑一样的，做普通日常之用，但会单独选择一间房子用来陈列家族族谱、家族纪念品等，以显示"光宗耀祖"之意，并且会特别地选择用这间房子来招待客人，以此来显示对客人的尊重和好的交情。

（2）阿拉伯与日本房子对比

与日本的房子相比，阿拉伯的房子相对来说非常宽敞，阿拉伯人往往会把天花板安置得比较高，因而其所具有的视野也会很广。由此可见，阿拉伯人希望能够一直拥有干净开

阔的视野。

（3）阿拉伯与美、日房间用途对比

阿拉伯人往往会在家里招待客人。这一点在人们看来与美国相类似，但与日本是不同的。

4. 德国

德国的房屋建筑风格往往可以用三个词来形容，它们分别是：房子的"私密性"、"起居室"特征的房子、"办公室"特征的房子。

（1）房子的"私密性"

德国人的房子旁往往都是篱笆类东西，这是因为我们常说的隐私即"私密"，在德国人看来是非常非常重要的一个点。

（2）"起居室"特征的房子

一般来说，起居室是德国人所有房子中最正式的房间，是接待客人用的。德国人的孩子在客人来了后，应出来见客人，并一直待在那里，只有在有人对他们说话时才开口。

（3）"办公室"特征的房子

德国人的家好比工作所用的"办公室"，往往都有很大的起一定作用的家具，如冰箱、电视、沙发等，还有很"厚实"的门，通常用来保证房间的安静和整洁，门的作用更为重要：隔音，还能提供隐私小空间保护人与人之间的隐私界限。

5. 拉美国家

以哥伦比亚为例，对拉美国家的建筑风格做详细阐述。

（1）建造风格方面

据我们所知，典型的哥伦比亚中产阶级的房子，往往会靠街比较近，建造时也会考虑尽量离街道更近一些，并且有大小不一的前后院，喜欢围篱笆，房间紧挨没有墙阻隔，隔离物仅有简单的玻璃。

（2）家庭观念方面

哥伦比亚人注重家的私密性，家庭观念非常严格，一般情况下即使是好朋友也不允许到家里做客，在家里做客的一般都是亲戚等具有血缘关系的人，不邀请同事或邻居到家中做客。人们在一起工作很多年，住得也很近，但从未见过对方的家庭环境，是很正常的事。

（3）起居室方面

哥伦比亚人的起居室往往是其家庭房间中最正式的、仅有的可以用来招待贵宾的地方，其他地方不行。

二、社会环境

这里主要说的社会环境指人们的角色关系和人际关系。下面我们分别对其进行具体介绍，目的是帮助读者更好地认识这些内容。

（一）角色关系与跨文化交际

1．角色概念

（1）社会角色的概念

通常情况下我们认为：社会角色是人们把与戏剧有关方面的一系列术语引进到社会学相关方面中的。

而社会不仅仅是人类所创造的活动场所，它还是有各种不同社会角色构成的一起进行社会活动的地方。

人们的社会角色不同，并通过对不同社会角色的认识不断进行跨文化交际。

（2）社会角色的通常固定

这里主要说的是我们在社会中生活中的一系列正式、非正式的社会角色称号。

比如，我们在企业里为企业工作，就是社会里的员工角色，对公司里的其他人来说是"同事"角色，回到家里是父母亲的"儿子"，是女儿的"父亲"，是一起去玩的"朋友"。如果在学校，那么我们是"学生"或"老师"。在医院里我们是"患者"或"医生"。在旅途中我们不是"乘客"就是"司机"，等等。

在这些人际交往中，我们的社会角色会按照我们的社会属性进行迅速的划分定位，只有在这些划分定位的基础上我们才能够被社会规则所接受，站在什么位置就看什么内容，做什么事。

另外，如果不按角色所要求的角色标准去做事，那么便没有一个合理的生活规律和生活观念，也会对整个社会的稳定造成一定的影响。在这样的情况下，我们往往会与社会"格格不入"，最终被社会一定程度上所限制，最终可能被淘汰。

（3）社会角色的不同标准

那么，我们又如何对自己的角色以及角色行为标准进行规范定位呢？我们做到什么样子，社会才会认同我们的所作所为呢？下面我们列出几个参考标准：①是否对自己所应当扮演的角色进行准确的定位。②对角色定位之后，是否具有一定的角色标准。③准确定位角色，具有一定角色标准后，能不能够满足角色方面的有关要求。

（4）社会角色的规范功能

社会角色具有规范人们社会交往行为的作用，在这样的情况下，不仅对社会上各个成员的所作所为的规范性有一定要求，还对不满足要求的社会角色有一定的惩罚措施，其目的还是要让人们，即不同的社会角色达到相应的社会标准。

（5）交际中不同社会角色的文化差异

随着中西方经济、政治交往的密切发展，两国人民有更多的机会可以进行面对面或其他近距离展开一系列的交往活动。在这样的情况下，不同文化背景下不同社会角色之间的交往常常会体现出一定的差异性。

例如我国人在吃饭时往往喜欢凑热闹，而且喜欢在一起吃饭时聊天，虽然同样有一定的规范，但与西方人还是不一样，西方人的文化习惯往往让他们更加独立自主也很少喜欢这种家庭大锅饭氛围。

2. 角色关系

（1）角色关系的社会类型

交际中的社会角色往往有"上下"级交际和"平等交际"。生活中的相关例子也很多。看上去比较正式的交际表示交际双方的不同地位，而看上去非正式的、比较随意的交流往往是朋友间或其他比较亲近的人们之间的交往。

在这样的情况下，在交际过程中往往要对自己和他人关系的亲疏、地位的高下等有个大致的了解，并在这个范围内规定做事，这样不仅能够让他人觉得自己有一定"分寸"，也可以让自己在规范内做事，避免一些麻烦。

（2）角色关系的文化差异

通常情况下我们认为：角色关系的一系列相关内容对跨文化交际来说是非常特殊的，相应的也就有交际影响下的不同角色关系——我国会有"上下级"意识，西方人更多的是"平等"意识，如人际交往中不同的称呼所体现出来的不同的文化差异。

在我国，人们之间进行交往常常会首先注意称呼。如果对方有一定的社会地位或职业，我们往往会使用尊称而不对其直呼其名，这样是"有礼貌"的一种体现，像对方是老师的情况则更是如此。这些都是人与人之间"上下级"意识培养的环境，是我国传统文化所留下来的一定社会方面的规范所影响的。

而西方人在交际时往往会注重平等，认为人与人之间没有那么多称呼方面的"上下级"礼仪，学生常常会直呼自己老师的名字等，这种交际行为将本来不平等的社会关系转化为平等关系，这是西方文化中"平等"观念的体现。

（二）人际关系

1. 中西方社会人际关系格局介绍及差异对比

（1）传统中国社会人际关系格局

通常情况下我们认为：传统中国社会人际关系格局从古至今变化不大。其原因主要是社会基石的不变性和伦理日常的稳定性。

社会中人际关系的形成往往离不开其社会结构，对我国来说，宗法血缘关系网络是我们社会结构形成的核心和基础，不论经历怎样的改朝换代，都对其产生不了质的影响，因此尽管当代中国宗法社会结构已经解体，但宗法制意识的影响却一直存在，一直没有消失，渗透在人际关系的网络中。伦理纲常的稳定性也是我国人际关系格局不变的一个重要原因。

（2）西方社会崇尚人际关系格局

西方社会的人际关系的格局自古希腊时代起，经过几千年的发展，到今天，形成现代西方人所遵守的人际关系格局。其具体发展历史如下：

①较早摆脱"血缘关系"纽带

从有关的历史文化方面、人类社会发展方面的一系列视角来看，西方国家的人们当初被海洋包围，面对各种原因下对外联系的阻断和内部矛盾的不断上升，以商业活动为起点，以武力征服为手段，以获得更加广阔的发展空间为目的，进行对新大陆的不断探索和迁移方面的活动。这使他们血缘纽带无法进行的稳定维持和继续，因而以财产关系，即资本关系为基础的交际纽带就此形成。

②西方国家的法律平等

1776年，美国政府颁布的《独立宣言》体现了资产阶级的自由平等的民主原则。指出：人类生来平等，造物主赋予了他们与生俱来的权利，即生存、自由、追求幸福的权利。政府是为了实现这些权利而设置的。

1791年，法国国民议会发布的《人权宣言》促进了资本主义的发展，指出：就人民权利而言，人类生而平等并且只能平等，人各有身，身各自由，为上者不能压抑之，束缚之也。这些在世界历史上具有重要意义的历史事件奠定了西方社会平等人际关系的基石。

（3）中西方社会人际关系格局的差异对比

我们国家的人们往往在做事时会考虑自己应不应该做某件事，主要参照的就是根据自己的社会身份来进行思考的。不按自己的社会身份行事，那就有可能逾矩。某一身份的人该做的事情却没有做，不该做的事情却做了，以及该说什么方面的规范、不该说什么方面的规范等，往往也都是人们依据该人的社会身份以及该人所处的社会地位来对一个人进行相关方面的评价的。

我们国家的人特别重视人物之间的各种关系网络。例如，在上辈下辈、上级下级，同事关系、邻里关系中，有72.1%的人认为是"比较融洽"的，也是比较满意的。由此看来，通过交际达到融洽人际关系的一系列的作用往往是能够实现的，并有一定的积极意义。

西方社会方面，主要遵循的一个要点——人格独立，可以从人们之间互相尊重的相关内容中体现出来。但丁的"走自己的路，让别人去说吧"这句名言，虽然表面上看上去强调的是人们的个性解放，再向深处想，我们可以看出来他所反映出来的西方社会中经常所推崇的人格独立方面的有关精神。西方文化中人格独立方面有一个非常重要的要点，这个要点并不是我们上文中所提到的个性解放，那又会是什么呢？我们认为，应该是"互相尊重"。

所谓的"互相尊重"在西方人看来，体现在"不侵犯隐私"的相关方面，这也是西方社会不提倡互相帮助（主要指无缘无故地帮助别人的行为和想法）的主要原因。在他们眼里，无缘无故帮助他人的行为往往才是不尊重他人的表现。

2. 人际关系取向的文化类型和比较分析

通常情况下我们认为：对人际关系取向的相关分类也和对其他不同事物的分类类似，如果在不同标准、不同角度等不同的方面，往往也会产生不一样的分类结果，如何选择和不可选择型的、长期和短期型的、有血缘关系的和没血缘关系的等。在这样的情况下，并结合跨文化交际的相关系列的知识，我们比较认同中西方学者对人际关系所划分的三种类型，它们分别是工具型、情感型和混合型。

为了读者更好地理解这部分有关内容，我们将分别对其进行论述，具体如下。

（1）工具型人际关系取向

什么是工具型人际关系取向？通常情况下我们认为是这样的：人与人之间为了达到某种目的或者为了取得一定方面或数量的利益而建立起来的一种短暂、松散、容易分崩离析的人际关系带。其往往只是一种临时性的手段，不具有长期性。

（2）情感型人际关系取向

什么是情感型人际关系取向？通常情况下我们是这样认为的：它是一种建立在亲朋好友之上的、利用相互信任、相互了解的一定情感建立起来的一种黏性非常大的持久、牢固和稳定人际关系类型。其往往影响关系较多，因而容易产生矛盾并造成情感方面的一系列危机。

（3）混合型人际关系取向

简单地说，这是一种既有情感性又有工具性的混合式人际关系模式。通常情况下我们认为：属于该类型人际关系的交际双方往往互相认识、有一定情感但情感不深。

其往往包括的对象比较多，如可以天天见面的邻居、工作中相处不错的同事、在学校一起求学的同学等，他们是我们人际关系网的一部分虽不主要，但也不可缺少，构成了我们生存发展的一个整体的环境。这种人际关系的存在及其是否能持久，往往取决于人与人之间的人情是否相互持续往来。

在此基础上，我们分别对我国和西方社会的人际关系取向进行分类说明。

①中国社会的人际关系取向

如果我们用以上三种人际关系取向类型来看待不同文化（中国和西方）的选择，那么其中所能够体现出来的差异是显而易见的。一般来看，我国社会的人际关系方面往往更加偏向于"情感型"关系和"混合型"关系。

中国社会非常注重人情（常常会要求"礼尚往来""滴水之恩，当涌泉相报"）和面子（"为朋友两肋插刀"），人际交往方面讲究提倡把人情给做好。而"情感型"关系，对我们国家的人来说往往是人们最基本的需求。常常被认为只要满足了情感就可以"生活得有意义"。

"混合型"关系对我们国家的人来说，往往是生存、发展的基本条件，是人际关系方面的上层内容和要求。另外，因为"混合型"人际关系取向本身具有两重性，既有情感性，又有功利性。因此，我们要对其进行重点而全面的分析，主要分析功利性。

功利性，顾名思义就是与利益获得方面有关的性质，其往往表现为一定的对利益的易产生动力方面的一系列内容：改革开放所带来的有关经济方面的发展，带动了很多人的富裕梦；物质方面的极大丰富也带来了人们对有关利益的不懈追求。通常情况下，利益分配是否合理既可能导致情感的离合，又能影响人际关系的好坏，如在家庭财产方面所产生的一系列纠纷所引起的很多家庭亲属反目的情况相当普遍；由于婚姻观改变而导致的有关的离婚率的提高；由此带来的财产分割矛盾；以及遗留财产分配争夺战的愈演愈烈等，都是由利益所引起的人际关系处理失衡的现象。这些都是在市场经济大背景下出现的新动向，值得我们去关注和注意。

②西方社会的人际关系取向

一般来看，以美国为代表的西方社会的人际关系常常表现出来为"工具型"，在这样的情况之下，人们往往会发现该社会中的人们在人际交往中他们很少顾及人情、面子，反而是公事公办，不讲情面。

在交易时这种关系惯常以"公平交易"为准则，按法则办事，即使是亲朋好友也要"人"和"事"两清，即把人情和事情分得清清楚楚。

在公务处理上，不受感情驾驭，而以客观法则为准，对事不对人，公私分明。

即便是亲人之间，往往也是会把这种"公平交易"方面的内容和"公事公办"方面的内容严格遵守下去，这也常常让我们不理解，我们的"中国文化"在它们面前显得有些格格不入。

长篇小说《喜福会》中丽娜和她的丈夫哈德罗一直平摊各种"费用"，这在我国传统的丈母娘眼里觉得疑惑不解——太过斤斤计较的生活如何能够继续下去，而在他们夫妻俩（丽娜和她的丈夫哈德罗）眼里，看来这种"斤斤计较"的方式却很正常："唯有如此，我们才能排除一切错觉，一切捆绑感情的束缚，从而达到相互间真正的平等尊重。"虽然是一本小说，其有一定的虚构性在里面，但其中所反映出来的中美文化差异的冲突却是生活中真实存在的。另外，不同文化对人际关系取向的选择，往往会让人们的一些行为习惯产生一些完全不同的结果，因而常常会有中美双方待人处事方面的完全不同的态度和策略。

三、心理环境

（一）单从隐私角度来说心理环境

一种说法认为：心理环境从跨文化交际来说，集中体现在"隐私"这一概念上。隐私往往与客观方面的一系列环境有很大关系，它涉及人们如何对待和利用环境因素，如何控制和调节与他人的交往。

它还制约着我们与谁交往和不与谁交往，在什么时候以及什么地方与人交往，同别人交往到什么程度。

下面我们分别对其进行具体介绍，目的是帮助读者更好地认识这些内容。

1. 隐私观念的差异

中西方在个人隐私方面的差异是一种客观存在，因此各自对隐私的调节机制也完全不同。

我国常把感情，如喜怒哀乐、爱憎好恶以及个人态度等，当作隐私，而对其隐私的处理是采用自我节制的心理压缩方式。他们常常把自己的真实感情和态度深深地埋在心里，不暴露出来，以适应群体取向或达到社会和谐。

美国人则使用物理环境来调节隐私，他们通过关闭的门来保护自己，不论寝室、办公室、家庭中的卫生间还是书房的门都用来调节隐私，一旦门被关上，就自动传递出"请勿打扰"的信息。或者他们会去一个完全陌生的环境，没有任何熟人，以保持自己的独处。

我们以美国为例代表西方文化，综上所述认为：中西方在"隐私观"方面的一系列有关差异，是有一定合理性的，也基本上是受到其所处的特定文化影响下的产物，需要我们在跨文化交际中对此有一定了解和注意。

2. 态度

有很多心理学家认为：研究不同文化下人们的交际方面的态度，有助于引导人们进行一系列比较有效的跨文化交际。

通常情况下：不同文化下人们调节隐私的方式是不通用的，中国人有中国人的方式，西方人有西方人的方式。但其往往都会涉及一点，那就是人们对关于隐私方面态度的把握是怎样的。下面我们以此为例进行说明。

什么是态度？可以这样去理解：即对人、对事的一种心理倾向，它往往能够决定人们是积极地、肯定地还是消极地、否定地对待某人、某事或某种行为。其往往包括以下几个方面的知识，对其我们分别予以介绍，它们分别是：认知、情感、意动。内容如下。

（1）认知

"认知"是人们对某种对象所持的思想、信念及知识，它是指人或物被感知到的方式，即在大脑中形成的心理映象。一个人对其他事物的认知往往也是基于对其他事物了解基础上的反映。

（2）情感

"情感"是人们对某种对象所持有的主观方面的喜好程度表现。

（3）行为意向

一般来看，"行为意向"是人们可能会采取的某种行为的反映。在三个基础之上，人们形成了自己的态度。一般情况下，态度引导交际行为的例子有以下几个方面的内容。第一是功利实现功能，人们持有某种态度是因为可以得到某种利益。第二是自我防御功能，人们通过某种态度来保护他们的自身利益和自我形象。第三是价值表现功能，人们用态度来表示自尊，并肯定自我形象。比如，运动员的坚持不懈一是为了对自己负责，二也是对观众和教练的负责，是一种自我担当意识的体现。第四是客体认知功能，人们持有某种态度来证明他们拥有支配世界的知识。比如，专家所具有的对某一方面知识的自信是对自身所具备专业知识的自信。

（二）从对物理环境的观察和看法来说心理环境

还有一种说法认为：心理环境指的是我们对物理环境和如何利用物理环境的观察与认知的看法。主要体现在以下三个方面的内容。它们分别是：私人权的看法、时间的使用以及环境的交往潜能。

1. 对私人权的看法

私人权的概念与隐私的观点有些类似但不一样，主要是从我们对物理环境的观察方面的角度来说的。私人权是指对进入自我或某个群体的（人与事的）有选择控制。他认为私人权的理论核心在于私人界线相关内容的定位和把握。并将私人权的相关过程看作是一个辩证的过程——社会交往方面的"封闭"与相应的开放习惯随时间而变化。

此外，他还提出了私人权的机制方面的内容：他认为有关具体的私人权的机制随着文化方面的不同而会有相应的变化，是一种文化方面的普遍行为模式。

对私人权的分类可以表示为以下四种，它们分别是：独处（自己独自在一个区域，别人往往是看不到的）、私下（某两个或多个人形成的一定的小圈子）、匿名（隐藏姓名等我们的身份标识）、矜持（有一条心理界线在我们的内心深处）。在一些的人们家里，往往会感到自己身处一个公共场所，需要注意自己的行为是否得体，需要注意自己的说话声音有没有影响到别人，需要注意自己的礼仪，但又有没做得很好，很标准，在人们说话的过程中总会觉得缺少一种"直来直往"的感觉，会觉得有些压抑。这是其生活环境影响下缺乏必要保护屏障而产生的一种"心理屏障"。

在美国，如果一个人站在一扇带帘子且关着门的一幢房子的门廊里，人们认为这个人是在房子外面。同样，如果把头伸进一个办公室的门里，人家还是认为这个人在办公室的外面。在德国，以上两种情况都认为是在里面。德国人认为如果他们在里面能看得见，那么就在他们的领地之内。如果能看见里面，那便是侵犯了他人的私人权。

私人权有关的一系列调节操作往往会影响到个体主义向集体主义转化：在个人主义文化里，由于私人权往往是需要通过自然空间的内容才能实现的，因此个人可以通过自我语言透露来进入人们用物理空间来给他人与自我之间提供的空间。在这样的情况下，人们往往能够获得一定的私人权。那么，集体主义文化的情况是什么样的呢？通常情况下我们认为是这样的：在集体主义文化里，人们用心理机制来调控自己的私人权，一旦人们能够确保心理方面一系列机制的完善利用，那么集体主义者会很谨慎地使用自我语言透露来进入私人空间并拥有私人权。

同时我们需要注意：拥挤感也是私人权的一个方面。它源于私人权调控系统失控，是一种心理方面的相关现象，往往是与较小空间的主观感觉有关。常常会造成一定的心理方面的压力。

2. 对时间的使用

文化导致的生活时间模式也属于心理环境的一部分。这些模式定义什么时间适合做某事，同时做多少事才是恰当的。哈勒区分了单向记时间与多向记时间的概念。为了读者更好地理解这部分内容，我们对其进行具体介绍。

所谓单向记时间就是人们把时间看成是线形物质，把时间给细分（细分的维度要求从过去一直细分到未来），在这样的条件和要求之下，一个时间往往只用来做一件事。不过需要我们注意的是：正在进行的某一个时间段内的活动常常会在进入高潮时突然因为时间方面的原因而"被迫"中断无法继续，相对来说，发达国家的例子比较多，如美国文化与欧洲文化。

多向记时间就是把时间看成是整体的，不对时间进行细致划分（看重的是正在进行的活动而非时间，看重的是活动项目的完成与否），在这样的条件和要求之下，人们可以同时处理几件事情。不过需要我们注意的是，它相对于单向记时间来说，往往是不在乎时间，会在无形中造成对时间的浪费。发展中国家的例子较多一些，如亚洲文化、非洲文化（非常文化下的非洲人往往能够根据一系列的自然事件、生物节奏等对时间做出相应的判断，时间分配往往较为灵活）、阿拉伯文化、拉丁美洲文化。

3. 环境的交往潜能

所谓交往潜力是环境提供与陌生人交往的潜能。在一定场景中的群体范围越大，人们与外界产生交际活动的可能性越小；环境的"异质性"越大，跨群体交际的可能性越大。另外，在本民族文化成员间维系的一定范围、数量的关系网也因关系网质量的不同影响着人们之间环境的交际潜能，尤其是我们在异国文化的环境中，本民族移民的关系网越发达，越会形成一定的、固定范围和人群交际方面的行为，在这样的情况下该民族关系网内部的人群往往更少地参与该移民国相关方面的主流文化活动。

总之，人们总是被与自己相似的人所吸引，想象在环境中总有与自己相似的其他人。

第二节　语言因素

一、高低语境背景不同

高语境文化和低语境文化之间的差异主要表现在同质性差异和所需求的语言信息量的差异两个方面的差异，在这儿我们把它与跨文化交际联系起来再简单进行介绍。

（一）同质性差异

高语境文化国家人们之间相互交际的过程往往是在同一语境下进行的，进而人们对该语境内容要素的认识基本较为相似，不会产生很大的分歧，也不需要进行各种各样的具体的说明；低语境文化国家人们之间进行交际时对该语境内容要素的认识也往往不一样，会产生很大的分歧，需要进行各种各样具体的说明。

（二）所需求的语言信息量的差异

高语境文化国家的人们在进行交际的过程中，往往只是把话语说到他们自己认为该说的地方，不再多说，不再进行具体解释以免对方不悦；低语境文化国家的人们在进行交际的过程中，往往是希望对方说得尽可能清楚一些，避免出现类似表意模糊之类的影响自己对语义的准确把握，以便自己更好地了解对方的详细语义。因此，双方在高低语境背景不同的情况下，往往在跨文化交际的过程中会因此发生一系列矛盾，如对某方面内容不理解想听解释的人听不到对方的解释，对某方面内容理解不想听对方解释的人对方却做大量的解释的情况，是很容易造成一系列矛盾产生的。

二、社会文化身份

通常情况下我们认为：在跨文化交际中，影响我们如何进行交际的社会文化身份方面的内容有很多，主要包括以下几点，它们分别是：文化身份、民族身份、性别身份、年龄身份、社会阶层身份以及角色身份等。

（一）文化、民族身份

1. 文化身份

一方面，通常情况下我们认为：跨文化交际需要对文化身份方面的相关内容进行了解。跨文化交际需要考虑文化身份具体的有关内容，只有我们知道了文化身份是什么，其中包含什么、不包含什么，才能有目的性地去对事物进行更深层次的认识。在我们看来，文化身份的内容主要涵盖的点是人们的文化层面价值观，如非常肯定美国文化的美国人与不太肯定美国文化的美国人的不同表现（非常肯定美国文化的美国人往往表现为对自由、独立的向往，这与他们背后的文化背景是非常吻合的，同样，也要比不太肯定美国文化的美国人表现得更加激进一些）。

跨文化交际需要考虑文化身份具体方面的强度。一般来看，不同的人对文化的认同强度肯定有所差异，往往对认同自己文化的表现不一样。

2. 民族身份

另一方面，通常情况下我们认为：跨文化交际需要对民族身份方面的相关内容进行了解。对某人民族身份的了解主要是对某人身上所佩戴的"民族标签"的了解——交际双方常常会在跨文化交际中注意观察对方的民族类别（民族类别的划分往往是以国籍等不同要素为基础综合得来的），并给予一定的民族认知。

跨文化交际者所使用的民族标签从其他人看来是携带大量信息的，主要包括他们所喜欢的称谓，所喜欢的有关民族方面的不同身份等。综上所述，要理解跨文化中人们的交际，我们不仅要对他们不同的文化身份与民族身份进行了解和掌握，还要在了解和掌握的基础上充分实际运用它，如在公司/单位中是用自己的文化身份（更加认同自己的"文化标签"，弱化对自己所带"民族标签"的认同），在家里则是用自己的民族身份（更加认同自己的"民族标签"，弱化对自己所带"文化标签"的认同。同时我们需要注意的是：认同自己文化及民族身份的人们在进行跨文化交际时往往会选择使用其他社会身份。

（二）年龄、性别身份

1. 年龄身份

一方面，我们对跨文化交际所需要的对年龄身份方面的相关内容进行的研究如下。年龄身份在交际中的作用是显而易见的。在交往开始的活动中，年龄信息瞬间就会被人们捕获到：对方是孩子、青年、中年，还是老年，与自己年龄是否相当，还是偏小偏大等基本信息，因为这是一个模糊认识并比较容易获得（谈话开始就获得，或者谈话过程中才获得）。

随着科技和卫生医疗事业的发展，年龄问题，如人们能活多久的问题已经慢慢地有了解决之道，以前虽然一直存在但不明显的跨代交往也因此逐渐进入人们的视野："尊老爱幼"一直是我们国家的传统美德，基本上老人在中国的地位是受人尊敬的，也尽显中华文明礼仪之邦的内在精神。而在美国，年轻人往往很少与老年人打交道甚至交际，往往进行交际还需要有一定的标准策略：（1）年轻人视老年人的具体情况调整自己的行为（如老年人耳背等问题）。（2）年轻人在与老年人交往的过程中，反映出老年人依靠年轻人的态度。（3）年轻人讲话与老年人不同，他们以年轻人的说话方式建立自己的身份（如采用老年人不懂的俚语）。（4）年轻人在与老年人谈话时照顾老人（如年轻人采用对小孩说话的口气和用语）。（5）年轻人没有调整自己的行为以适应老年人。老年人把这视为对他们缺乏兴趣。

老年人往往在与年轻人进行交际时也需要一定的标准策略：（1）老年人与年轻人之间的交往行为不合拍。原因之一是他们与年轻人接触少，不知如何调整自己的行为。（2）老年人采用了自我保护策略，因为他们预想到年轻人的消极回应。（3）老年人预想自己在与年轻人交往时表现不够好。（4）老年人持有自我刻板形象（如老年人消极的形象）。（5）老年人与年轻人的说话方式不同，因为他们要建立自己的社会身份。

另外，跨年龄交际中也存在着文化方面的差异，具体表现如下：个体主义文化中年轻人往往是主角（老年人退出"舞台"）而在集体主义文化中的老年人往往会获得比较高的地位（年轻人对他们予以尊敬崇拜），这时年龄会具有一定的"决定"地位，常常年纪越大的人地位越高。

2. 性别身份

另一方面，我们对跨文化交际所需要的对性别身份方面的相关内容进行的研究如下。

男女交际存在重要的差异。美国有研究者曾就此问题做过一个关于本国男女双方认知差异方面的研究，研究认为：在美国生活的男方和在美国生活的女方往往会对交际核心以及标准的认识有所差异。

主要体现在以下几个方面。

（1）提问

女方把提问看作是继续谈话的方式，而男方则把提问看作是询问信息。

（2）聊天

女方倾向于把她们朋友的聊天内容与她们要说的话做一定联系和解释。男方则并不怎么把聊天当作媒介，往往不会关注自己朋友刚刚所说的话。

（3）讨论问题

女方讨论问题有时只是为了寻求放心。男方讨论问题则往往是希望能够解决某个问题。

（4）谈话的功能

女方自从出生开始就善于与他人交往，他们通过谈话等方式建立并发展相对比较亲密的关系。男方却将谈话作为取得建立优势地位和使自我独立的重要方式。因此，男女双方的交际活动常常会因为各自用自己的标准解读对方的交际行为产生误解。

三、教育文化方面的培养

跨文化交际的具体情况也与我们国家教育方面的培养有关。主要包括以下三个方面的内容即教材方面的作用、教师方面的作用、考试方面的作用。

（一）教材方面的作用

教材方面的作用主要说的是教材的编写，在学生的跨文化交际能力培养过程中，教材起着重要的作用。教材的内容应该能够体现出中西方文化的差异，人物对话应是实际生活中人们进行交际时使用的语言。学生交际能力的高低与教材编写有着直接的联系。

（二）教师方面的作用

教师方面的作用主要说的是教师的引导。除了教材，教师起着关键的作用。要达到培养学生跨文化交际能力的目标，还要靠教师引导学生随时随地挖掘其中的文化信息，使他们在习得语言的同时，拓宽自己的文化视野。只有注意语言和文化的结合，知其然并知其所以然，在外语教学过程中充分体现语言教学的人文性，我们的英语教学和学习才是完整的，才能达到期望的效果。

（三）考试方面的作用

考试方面的作用即考试的导向作用。要搞好素质教育，必须进行改革。社会虽对学生的跨文化交际能力提出了要求，也提供了部分条件，但由于英语考试制度的不完善，外语课素质教育和培养交际能力的目标在贯彻时往往让许多教师知难而退。

第三节　心理文化因素

下面就简单地论述刻板印象和民族中心主义这两个主要心理因素对跨文化交际的影响。

一、刻板印象

（一）刻板印象简述

刻板印象就是脑中的图像。刻板印象由两部分组成，即认知与情感。它会影响我们对某一群体感情的认知表达。作为心理表达刻板印象的三个方面，具体如下：（1）人总是以易辨性的特点如性别等来分类的。（2）每一类别有一系列的特性，这些特性属于所有或大多数该类别的成员，属于同一刻板印象群体的人被认为彼此相似。（3）一组特性属于该类别的每一个人。

这个观点与大多数作者视刻板印象为其他群体的心理表达是一致的。

我们在见面的瞬间就对对方产生了刻板印象，通常，我们会根据视觉线索如肤色、身高、身形、社会角色等对对方进行分类。我们的分类通常是在无意识状态中完成的。

（二）刻板印象的应用

社会刻板印象经常用在媒体及广告中，同时，我们也从媒体学到很多刻板印象。例如，老人的形象点是保守，残疾人的形象总是痛苦的、自怜的、难适应的等等。

可以说，媒体中呈现的很大比例的对老人、残疾人的刻板印象是负面的、不准确的。

（三）刻板印象的影响

1. 影响我们处理信息的方式

我们的刻板印象影响着我们处理信息的方式。我们总是对于自己群体有益的信息记得多，对于他人群体不利的信息则记得多。这样反过来又影响我们对圈内与圈外人员的信息解读。我们处理信息总是受先前存在的信仰系统所左右。这些处理过程产生了刻板信仰的认知确认。

2. 让我们对他人产生期待

刻板印象令我们对他人的行为产生期待。我们往往认为我们的期望是正确的，而且总是按这种认定去行动。在与陌生人的交际中，我们总是无意识地试图去证实我们的期望。我们对对方的言辞、行为的解读、推论与判断总是要与事先存在的信念与印象保持一致性。

（四）刻板印象的形成原因

对陌生人的刻板印象的形成与我们与他们的权力关系有关。因为，当我们的权利高于他们时，我们一般就不去注意个性化的信息。一种阻止刻板印象影响我们行为的方法是抑制我们的刻板印象。然而，这种方法通常难起作用，甚至导致更多的刻板印象。当我们要抑制刻板印象时，在我们中那些持有高度偏见的人中间，其反弹效果极佳。对那些想要少偏见但却消极对待陌生人的人也如此。只有在那些少偏见的人那里才很少有反弹。处理复杂信息的能力与反弹效果相关。当处理复杂信息的能力被限制时（如高度的焦虑或过重的认知），就会发生反弹现象。

在跨文化交际中，我们往往根据他人的肤色、衣着、口音、汽车等进行分类，而并不采用他人的自我分类。但我们对他人的分类有时却是不准确的，有可能把他分在一个他本人并不认同的地方。

综上所述，刻板印象或文化定型是我们把人们加以分类时的类别内容。我们所持有的文化定型对我们的跨文化交际有着直接影响。我们对陌生人行为的最初判断必须以陌生人的文化和民族群体的文化定型为基础。如果我们的文化定型是准确的，我们就能对陌生人的行为在文化层面与社会文化层面进行准确预测；反之，则不能加以准确预测。

另外，假如我们生硬地套用文化定型，不去摸清他们的底细，那么我们就很难认识陌生人的真面目，把他们当具体的人来看（对他们个人的行为进行心理预测），我们对有关具体个人行为的特性认识也会继续错下去。

二、文化相对主义

（一）文化相对主义简述

任何文化都是一种历史形成的客观事实，都有其存在的合理性，不同文化之间有差异，却没有优劣之分。因此，一种文化中的行为只能用该文化自身的准则去理解和评价，这意味着在与不同文化背景的人进行跨文化交际时，只能用对方的价值观念、思维方式、社会规范等作为标准来解释和评价其行为。

（二）文化相对主义作用

在交往中建立平等的地位，建立共同的目标；不同文化群体加强合作，避免不必要的竞争；在尊重彼此法律和习俗的基础上相互交往，创造有利的和谐气氛；共同参与重要活动，产生令人愉快而有利于双方的成果，等等。

总之，在以上条件下的跨文化交往会在很大程度上帮助我们改变固执的成见、减少偏见和克服民族中心主义。

当然这还意味着，在不利条件下，我们必须有意识地审时度势，尽量防止加剧已存在的民族中心主义偏见。就消除民族偏见而言，除了改善双方的媒体传播质量，达到真正的信息对称之外，与对外汉语专业的教学也有很密切的关系。在进行跨文化交际的教学时会碰到各种文化定势与偏见。文化本身随着社会的发展而不断发展，不同历史时期的文化有不同的特点。随着时代的发展，各种文化都处于一种变化的过程中。在现代信息社会中，文化的变化更是日新月异。在开放、合作、和平、发展的全球化国际大环境中，要顺利进行跨文化交际，必须理解他国或他民族的文化，若仍按文化定式去交际，则无法沟通。

我们要用辩证的、发展的观点来看待问题。在跨文化交际的教学中，我们应该有更多的自信，对西方文化的适度了解只会促进学生对目的语文化的理解和认识，只会让他们对目的语深层文化有更多了解，更好地促进跨文化交际的实现。由于历史文化、社会体制等各方面的原因，我们与英语国家存在许多差异。我们应客观分析文化的共性和差异，打破思维定式，既不全盘接受，也不一概否定，引导学生对外国文化持正确的态度，消除传统的偏见。

第三章　高职英语教学与学生跨文化能力培养

文化与语言是密不可分的，它们互相依赖、互相影响。语言是一种特殊的文化现象，同时也是文化的重要载体。英语教学就是要教会学生如何在实践中综合运用语言，即培养学生用该语言进行有效交际的能力。在英语教学中，必然要涉及到英语国家的文化现象。本章将论述高职院校英语教学与学生跨文化能力培养的关系。

第一节　高职院校跨文化交际与英语教学

从本质上说，语言是一种精神和概念性的文化形式，能够反映出文化的基本特征。交际是语言和文化进行体现的桥梁。随着高职英语教学改革的推进，人才的实用性和文化性成为众多教学工作者关注的重点。高职英语教学不仅需要教授英语语言知识，同时还需要重视文化与交际的教学。

一、语言教学中的文化

在前面已经分析了语言、文化与交际的关系，现代高职英语教学应该正视这种三位一体的关系，审视现在语言教学中存在的问题，从而提升语言教学的科学性与实用性。下面从英汉语言文化的差异入手，就文化对语言教学的影响以及文化在语言教学中的地位进行分析。

（一）英汉语言文化差异

进行跨文化交际下的英语教学，需要重视不同文化间的差异，并审视这种差异对语言教学的影响，从而在教学中减缓因文化差异对学生二语习得的消极作用。具体来说，英汉语言文化方面的差异主要体现在以下几个方面。

1. 语言观念方面的文化差异

在语言教学中，语言观念的不同直接影响着教学和学习的效率。从根本上说，英汉语言观念的不同主要是由于对语言本质的认识不同。

在汉文化中，语言是进行表情达意的主要工具，因此我国对语言持一种实用性的态度。而西方文化中对语言的观念带有哲学意味，认为语言是人的一种存在方式，是和人相对应的结构形式。

由于中西语言观念的不同，在语言教学过程中，如果教学者使用汉文化中的实用主义语言观进行授课，则可能仅仅把外语当作一种机械使用的工具，学习者对外语的理解与掌握也仅仅停留在语言基础知识方面，很难对英语背后的文化与内涵有所理解，因此也就无法认识语言的价值与存在的形式。长此以往，还会导致学生语言观念的认识不足，最终影响英语语言能力的长远发展。

2. 民族理念方面的文化差异

语言是民族文化的反映，英汉民族理念方面也带有一定的文化差异性。在语言教学过程中，也需要对民族理念方面的差异进行关注，下面进行分析。

（1）伦理道德方面

伦理道德是民族理念文化的中心部分，英汉伦理道德带有很多的差异性。

①尊老问题

我国自古便为礼仪大国，重视伦理道德和教化在社会上的影响。在称呼时习惯在长者或尊重的人面前加上"老"字。例如，老师、老人家、老爷爷、老父亲。

英语文化崇尚人人平等，因此在称呼时通常直呼其名，即使在父母称呼、上下级称呼中也是如此。西方人认为直呼其名是关系亲密的表现。

除此之外，中西方在养老方面也有着较大的差异。我国认为子女赡养父母是天经地义的，是子女的义务与责任；而西方人则认为父母只需要将子女抚养到成年即可，同时子女也不必反哺父母。西方人的这种养老思想是人文主义影响的结果，同时也是自我意识的集中体现。

②隐私问题

我国在谈话中对隐私并没有太大的限制，在日常交际中经常会问及交际者的年龄、工资、婚姻状况等。但是在西方社会，年龄、工资、婚姻状况都是个人隐私，不会在日常交际中有所表现。

（2）审美观念方面

审美观念能够体现出不同民族的心理、传统、生活方式，也是不同社会生活的重要反映。英汉在审美观念方面也存在很多差异性，在不同的文化意象上有着突出体现。

①动物词的文化内涵差异

英汉在对动物词的文化内涵上有着重要的差异，由于动物在语言交际和教学中有着相当大的比重，因此对其理解的不同直接决定着交际的顺利程度。

②植物词的文化内涵差异

英汉植物词在内涵上也有很多的差异。例如，牡丹在汉文化中是雍容、高雅的象征，但是在英语中主要重视其药用价值。竹子在中国是一种被人格化的植物，代表着高风亮节、谦逊坚强，但是英语中的竹却并没有特殊的联想意义。在语言教学中应该十分重视植物词汇内涵的差异，从而防止语用失误现象的出现。

③颜色词的文化内涵差异

英汉语言中都有表示颜色的词语和俗语等，但是不同的颜色词对应的文化内涵是不同的。由于不同民族对颜色的感知不同，因此对颜色赋予的意义也不尽相同。语言教学中应该体现出颜色词的不同内涵。例如，在中国，红色一直为人们所喜爱，其代表着喜庆、吉祥、成功，有着诸多美好的寓意。而在西方，红色多与暴力、危险等不详的意义联系在一起。

④字词的文化内涵差异

中西方的数字也会引发人们的不同联想，如数字"4"在汉语中和"死"谐音，因此很多人在日常生活中总是避免使用"4"，如门牌号、车牌号等。西方国家大多认为"13"是不祥的数字。因此，西方国家总是避免使用"13"这个数字。

（3）价值观念方面

英汉在价值观念方面也有着很大不同。我国是集体主义，以个人对社会的贡献当作衡量人生价值的重要标准。西方文化则推崇个人主义，认为只有不断完善自身价值才是实现生命意义的方式。

在金钱方面，中西方的观念也很不相同，我国在汉语文化的熏陶下，并不十分重视金钱，但是西方人则认为金钱是需要追求的东西。

（4）思维方式方面

语言是思维方式的体现，中西方思维方式方面的差异主要体现在以下几个方面。

①时间观

我国是一个历史悠久的文明古国，因此在文化中体现出重视历史的倾向，将古代的辉煌看作文化的闪光点。在这种时间观的作用下，语言表达中习惯将过去的时间作为基点。

例如：

前无古人，后无来者

前所未有

后继有人

与中国文明相比，西方社会的历史较短，因此他们将重点放置在未来生活上，重视享受生活，这一点在时间表达的语言上也有体现。

例如：

Time and tide wait for no man.

时不我待。

A future is always anticipated to be bigger and larger.

未来总是美好的。

②方位观

在方位表达方面，汉语中呈现出横向的特点，而英语则呈现出纵向的特点。

例如：

东北 northeast

东南 southeast

西北 northwest

西南 southwest

③日期表达和钟点表达

汉语在进行日期表达和钟点表达时，习惯按照从大到小的顺序，而英语则习惯按从小到大的顺序进行排序。

例如：

2018 年 5 月 24 日

24 May，2018

下午 5 点 18 分

18 minutes past 5 pm

at eight o'clock on the afternoon of the 28th of September in 1900

1900 年 9 月 28 日下午 8 点钟

④写人状物的描述顺序

汉语多为"时间、地点、动作（方式）"，英语则多为"动作（方式）、地点、时间"。

例如：

我们明天下午在老王家碰头。

We'll meet at Lao Wang's home tomorrow afternoon.

3. 语言交际方面的文化差异

语用文化是习俗文化的重要表现，与人们的日常生活和社会习俗都有密切的关联。中西方语言在语用文化方面的差异直接影响语言教学的展开。

（1）寒暄与问候

中西方在寒暄与问候方式上带有明显的差异性。我国见面最常见的打招呼方式是：

去哪儿啊？

吃饭了吗？

西方人的问候方式通常为：

Hello.

How are you?

Nice to meet you.

Hi.

二者问候与寒暄方式的不同是在文化的大背景下出现的，同时也反映出了中西方对隐私的态度差异。

（2）称谓与称呼

汉文化重视血缘关系，因此在称谓与称呼方式方面按照长幼顺序、亲缘关系进行严格的区分。对长者的称呼就有很大不同。

例如，张大爷、李阿姨、大舅、姨姥爷。

在称呼时，交际者需要对对方的年龄与身份进行分析，从而找寻最合适的称呼方式。

但是在西方社会，对称呼的表达则较为笼统，在正式场合按照性别进行称呼，亲近的人之间一般直呼其名，英语中家庭成员间的称呼较汉语种类少。

（3）致谢和答谢

在中西方文化中，致谢和答谢都是一种礼貌方式的体现。但需要指出的是，在我国十分亲密的人之间是不必道谢的，这一点在家庭成员之间体现得更为明显。

在西方社会中，对对方好意的答谢十分平常且普通。人们似乎常常把"谢谢"挂在嘴边，即便是亲朋好友之间也都是如此。

（4）送礼与收礼

在送礼和收礼方面，中西方也有所不同。

在汉语文化中，送礼是表达关心和人际往来的重要方式，因此不论是过生日、走亲访友都习惯送礼物，但是对礼物却没有花费太大的心思。在西方社会中，根据不同的场合和对象，人们会送不同的礼物，即使是送一束花，也会体现不同的含义。

在收礼方面，中西方的表现也有不同。汉文化中收到赠予的礼物之后，往往不当着送礼人的面打开礼物，认为立即打开礼物会让人尴尬。但是在西方，收到礼物后都会立即打开，并表示感谢与赞美。

（5）称赞方面

在称赞方面，中西方也有一定的差异。汉文化认为谦逊是人的美德，因此在受到赞赏时总是表现出不接受的态度。

例如：

您过奖了。

我还差得远呢。

在英语中，当对方夸奖自己时，通常会欣然接受。

4. 语言结构方面的文化差异

汉语属于汉藏语系，英语属于印欧语系，因此各自在语言结构方面都有自身的特点。语言结构方面的差异是语言教学的重点，对日后的跨文化交际也有重要的影响。

（1）语音方面

从语音方面分析，英语属于拼字文字，为表音体系；汉语是象形文字，属于表义体系。因此，两种语言在语音表达方面也有所不同。例如，汉语中的口音、谐音；英语中的头韵、尾韵等。

（2）词汇方面

从词汇层面分析，英语的词形通过一定的语法手段，能够进行曲折变化。汉语中的词汇则通过词汇手段进行数、态方面的改变。

（3）句子方面

从句子层面分析，汉语句子的特点主要表现在以下几个方面。第一，重视意合，句子的"主题-述题"特征明显。

第二，句子的线性特征明显，通常为直线推进的方式。

第三，重视句子中的词序，以短小句子为主。

英语句子的特点主要表现在以下几个方面。

第一，重视形合，"主语—谓语"结构特征突出。

第二，重视关系代词和关系副词的使用。

第三，句子结构较为复杂。

上述仅列举了英汉语言文化方面的几点差异，并未概述完全。在语言教学过程中，英汉文化差异无处不在，这也在一定程度上体现出了其在语言教学中的地位。

（二）文化对语言教学的影响

在了解了英汉语言文化方面的差异之后，下面对文化差异对语言教学的几点影响进行分析。

1. 观念影响

传统的英语语言教学，将其关注点放在基础语言知识的教学方面，认为只要掌握了一定的词汇量和语法知识就是掌握了英语，文化教学在传统教学中的比重很低。同时由于英语是我国的第一外语，因此学生对英语学习的动机在很大程度上都是英语等级要求或者求学需要。在应试教育的影响下，教师比较重视考试技巧等的教授，并不会占用太多的时间进行文化方面的教学。

在传统教学模式的影响下，我国英语学习者的应试能力较强，但是语言的应用能力却相对较差。从长远角度看，这种教学模式不利于学习者语言能力的发展。学习者虽然掌握了一定数量的词汇，但是对词汇的产生和其文化内涵并不关注，只是生硬地记忆词汇含义，在使用中却无从下手。缺乏文化的语言教学不利于学习者英语思维能力的形成与发展，学习者使用汉语思维进行英语学习，自然不会取得良好的学习效果。很多啼笑皆非的英语语言错误便是这样产生的。

例如：

soldier's heart（军人病）误解为"铁石心肠"；

black bird（画眉鸟）误解为"乌鸦"。

There are still some dry states in the United States.

误译：在美国还有几个州十分干旱。

正译：在美国尚有几个州禁酒。

She prefers dry bread.

误译：她喜欢干面包。

正译：她喜欢无奶油的面包。

通过上面的论述可以看出，在高职英语教学中进行文化教学十分有必要。因为这不仅是英语教学改革和时代发展的要求，同时还是人才培养的要求。对语言的学习与掌握需要文化知识的辅助，当今英语语言教学中需要重视文化差异的教学，提升文化在英语语言教学中的地位，从而使学生形成良好的英语语言模式，培养其正确的英语思维习惯，最终为日后的语言交际服务。

2. 积极影响

文化对英语语言教学的积极影响主要表现在以下几个方面。

（1）提升文化感知力

文化感知力，顾名思义就是对不同文化的感知能力。英语语言的学习也是文化的学习，课堂文化教学有助于学生了解英语国家的相关历史与文化，从而培养其英语思维能力与使用能力。

当学生的文化感知力提高之后，在交际中就会克服汉语思维定式的影响，主动或者下意识使用英语思维进行语言使用。这不仅有利于学习者语言能力的提高，对交际的顺利进行也大有裨益。

具体在教学中，教师可以通过介绍和对比英汉语言文化的差异，使学生对这些差异有所察觉，并在日后的语言交际中有意识地注意这些差异的影响。

（2）培养文化敏感度

文化敏感度指的是对文化的认知与了解程度。在交际中，如果交际者的文化敏感度高，其就会根据不同的文化进行语言的选择与使用，这会在很大程度上促进交际的进行。例如：

A：You look so beautiful today.

B：No. I don't think so.

上面的对话，从语法的角度上看并没有什么问题，但是从语言使用的角度分析却可以看出其是明显的中式英语表达方式。在英语中，面对赞扬，需要接受赞扬并表示感谢。但是上面的回答，却使用了汉语思维，力图表现一种谦虚的语气。殊不知，这种表达方式不符合英语文化常规，会让英语交际者感到奇怪。

文化敏感度的培养和英语语言知识的教学息息相关，在具体高职英语教学中，教学者需要将二者有机结合，从而提升学生的语言交际能力。

（3）激发学习兴趣

在语言学习中，学习兴趣是保证教学效果和学习效果的重要因素。在教师科学的教学和学生学习兴趣的引导下，学生才能发挥主观能动性，进行更加积极有效的英语学习。

在我国，学生对英语知识的学习主要集中在课堂教学中，陌生的语言知识、机械化的教学模式会降低学生英语学习的兴趣。而文化教学是提升学生英语学习兴趣的有效途径。通过对比英汉文化，学习者会主动将英语知识和现实生活相联系，因此其英语学习兴趣就会提高。同时文化教学下的英语教学，还能提升英语语言使用的地道程度，提高学生的英语使用技能。

3. 具体影响

下面从英语具体课程方面，就文化对英语教学的影响进行分析与说明。

（1）对听说教学的影响

虽然我国英语课程开设的时间很早，但是学生的听说能力却一直得不到提高，很多英语学习者在交际时不敢张嘴，或者找不到交际话题。这一问题的重要成因是文化的影响。

由于英语学习只重视基础语言知识，没有针对中西方文化进行听说方面的训练，导致很多学习者虽然应试能力很高，却无法进行口语表达。因此，在听说教学中增强文化方面的教学十分有必要。

（2）对阅读与翻译教学的影响

语言与文化息息相关，英语词汇中蕴含着深刻的文化内涵。在英语教学中，如果学习者不能了解词汇背后的文化知识则不能进行词义的联想与使用。

中西方这种不同的词汇联想在语言教学中需要进行教授，并对其文化进行对比与总结。教师应该在教学中重视文化的渗透，从而提高学生的文化感悟力与敏感度。

（三）文化在语言教学中的地位

语言、交际、文化之间三位一体的关系提醒我们要重新审视英语语言教学的意义。语言承载并反映文化，是文化的重要组成部分。语言和文化的依存关系决定着文化在语言教学中的重要地位。

英语语言的学习不仅是语言知识的学习，还是文化的学习，这是因为当不理解语言所处的文化环境时，是无法真正习得语言的。传统的英语教学认为使学生具备一定的英语语言技能才是英语教学的目标，并不需要教授文化知识。这种错误的观念否认了语言学习和文化的复杂联系。

语言教学应该有意识、有目的地进行文化教学。在现实的交际过程中，不仅需要交际者具备一定的语言技能，同时还要求交际者能够对交际对方的文化习惯有所了解，从而科学地进行语言理解与交际。

由于语言和文化的相互渗透关系，文化在英语语言教学中处于一种非正式的隐藏课程地位，教学者需要从文化的角度入手提高学生的语言意识、文化意识和文化敏感度，最终提高对英语的精通和熟练程度。

二、跨文化交际背景下英语教学的任务

由于在文化背景、交际方式、生活习惯、价值观念、思维方式等方面的差异，英语学习者很难摆脱本族语思维和文化的限制，也就很难达到以英语为母语的本族语者的英语水平。

英语教学和学习的目标是发挥英语的桥梁作用，从而沟通汉语文化与英语文化，进行不同文化背景下的沟通与交流。因此，高职英语教学的目标不应是将学生培养为具备完备英语思维的"外国人"，而应该是拥有本族文化知识的文化传播者与交际者。唯有如此，才能发挥英语人才的桥梁作用。

交际者应该在与不同文化背景的交际者交流时具备文化规则的转换能力，从而使交际适应交际双方，提升交际的顺利程度。

（一）跨文化交际视角下高职英语教学的对策

针对上述提出的跨文化交际中英语教学的问题，需要从下面几个角度进行改变，从而提升我国高职英语教学的质量。

1. 提高教师的跨文化交际意识与能力

英语教师是跨文化交际英语教学的推动者，因此应该提高其跨文化交际意识与能力。教师应该形成全面的跨文化交际意识并具备跨文化交际能力，这样才能摆脱从本土文化的角度展开英语教学，从而在教学中丰富学生的多元文化意识。

跨文化交际需要面对多种复杂的文化环境，在交际中交际者需要客观全面地分析不同文化的异同，从而不能出现文化偏见与文化优越感。教师作为跨文化交际的传播者，在教学中应该重视上述观点，以一种开放的心态展开文化交际教学。教师的跨文化交际能力的高低能够显著影响跨文化交际下的高职英语教学。只有教师具备较高的知识与技能，才能提升学生的文化意识与交际能力。

2. 培养和提高学生的跨文化交流心态

现如今，学生的学习中心地位得到了确立。作为英语教学的主体，若想提高跨文化交际下高职英语教学的效果，也应该从学生的角度入手，培养和提高学生的跨文化交流心态。

教师可以在具体的跨文化交际教学中，进行文化的对比与分析，从而使学生了解不同文化间的异同，培养学生的跨文化交流意识。由于这种对比性教学能够使教学和学生的现实生活相联系，因此会调动学生的学习兴趣，也会提升英语教学的效果。

国外很多学者在研究的基础上，总结出了理想的外语学习者的特征：（1）能够适应学习环境中的团体活力，克服焦虑和干扰因素。（2）寻找各种机会使用目的语。（3）利用所提供的机会练习倾听针对他所输出的目的语并做出反应。（4）通过学习技巧来补充与目的语社团成员直接交往的不足。（5）在语法学习的初始阶段，至少是个少年或成年而非小孩。（6）具备足够的分析技巧和接受、区分、贮存外语的特征，并检测错误。（7）具备学习外语的强烈整体动力并具有强烈的任务动机。（8）愿意冒险，勇于实践。（9）能够适应不同的学习环境。

教师和学生都是跨文化交际教学的重要组成部分，需要教师和学生进行双重努力。学生应该从思想上进行改变，认识到跨文化交际的重要性，改变传统应试教育的思想，从而切实提高自己的跨文化交际能力。

3. 促进整体语言教学法的发展与应用

整体语言教学法最初兴起于美国，其对于提升我国的跨文化交际英语教学的水平大有裨益。

整体语言教学法是一种"自上而下"的语言教学体系，主张从整体出发，重视语境在教学中的重要作用，使教学真正能够满足学生的日常交际。整体语言教学可以通过多种渠道展开。例如，小组讨论、英语调查、参观访问等。

教师可以结合具体的学校教学条件，科学安排整体语言教学活动，从而最大限度地提升学生的跨文化交际英语能力。

（二）跨文化交际视角下高职英语教学的主要任务

跨文化交际视角下的英语教学应该使学生具备丰富的跨文化交际意识，并形成开放、平等的跨文化交际心态，能够进行有效的跨文化交往。具体来说，跨文化交际视角下的高职英语教学可以具体采取以下两种方式展开。

1. 构建跨文化英语教学模式

构建跨文化英语教学模式具体指的是构建一种"交际—结构—跨文化"的模式。随着英语教学的发展，越来越多的学者开始重视英语的文化内涵，深知在英语教学中进行文化交际素质培养的重要性。在具体的跨文化交际英语教学中，应该重视以下三个方面。

（1）交际体验

交际体验要使学生掌握一定的交际功能，通过外语进行日常生活的交际。交际能力是人类为了不断平衡环境而进行的自我调节机制。外语课堂的交际体验能够提升学生的交际能力。交际中交际双方需要一定的语言交际环境作为基础，对交际双方的背景有所熟知，以上述因素为根据，发挥自身的交际技能。我国的英语课堂教学需要营造师生共同进行交际体验的教学环境，形成一种双向的跨文化传播与交际方式。

（2）结构学习

结构学习以语言技巧的训练为目标，将语言结构作为教学重点，主要利用英语进行教学。语言带有自身的系统性，语言学习和教学应该利用这种系统性，发现学习和教学中的规律，展开结构性学习方式。具体来说，结构学习应该注意以下四个方面：①培养学生英语结构运用能力。②培养学生的词汇选择与创造力。③培养学生组词成句、组句成文的能力。④培养学生不同语言环境下进行交际的能力。

（3）跨文化意识

跨文化意识将了解文化知识作为目标，重视文化习俗的教学，利用外语进行教学。英语文化知识需要学生了解英语国家的历史和文化活动，对相关文学作品进行研读，同时还需要了解英语民族的生活习惯与方式，形成学习英语国家文化的兴趣。长此以往，跨文化交际方式下的英语教学就会变成一种文化探索，从而提升了文化交际学习的乐趣和效果。

"交际—结构—跨文化"的模式指的是在英语教学的全过程都贯穿中西文化的对比与总结，从而培养与提高学生的跨文化交际意识，为日后交际的准确、得体打下坚实的基础。这是一种十分符合我国的外语学习方式。因为我国很多学生在英语学习中都是以汉语思维和认知方式进行学习的，这种认知方式不符合英语学习的规律性。心理学认为，事物相异性越大，越能刺激人类的记忆。"交际—结构—跨文化"的模式能够从英语学习的全过程进行认知方面的刺激，在教学的各个阶段都能培养学生的目的语思维模式。

2. 实施英语教学跨文化训练

跨文化训练包括以下几种方式：（1）以提供信息为主的训练，如讲座、演讲等。（2）

以原因分析为主的训练，如重大事件讨论等。（3）以提高文化敏感的训练。（4）改变认知行为的训练。（5）体验式训练，如角色扮演。（6）互动式训练，如跨文化交际。

在具体的跨文化交际教学中，教学者可以综合使用上述几种训练方式，从而提高学生的文化敏感度与跨文化交际技巧。

跨文化交际视角下的高职英语教学是时代发展对英语教学的要求，同时也是英语人才培养的必然发展途径，在具体的教学中需要师生共同努力，从而提升教学的有效性，为日后的语言交际打下坚实的基础。

三、跨文化交际与高职英语教学的融合

（一）跨文化交际能力与高职英语教学融合的背景

高职生跨文化交际能力的培养已成为国内外英语教育界广泛关注的课题。《外语类专业本科教学质量国家标准》明确了跨文化交际能力在高职英语教学和英语专业教学中的重要地位和发展路径，为全国高职下一步教学改革指明了方向。语言是文化的载体，所以说高职英语教学的过程在某种程度上也是跨文化交际能力的培养过程。但在教学操作层面，语言技能与跨文化交际能力的结合仍然碎片化，缺乏系统性。目前，我国高职英语课程体系内，有单独开设的跨文化交际课程，但对语言学习的关注不够；也有涉猎跨文化交际内容的英语技能课，但将英语技能与跨文化交际技能有机融合的课堂教学实践却不多。联合国教科文组织颁布的《跨文化教育指南》明确指出跨文化教育不是一门独立的、新增加的学校课程，它的理念应该融入学校的教育体制和各门课程的教学中，尤其是英语教学在其中发挥着非常重要的作用。有鉴于此，高职英语课堂作为培养跨文化交际能力的重要场所，践行跨文化交际能力培养目标的一条切实有效的途径就是将跨文化交际有机地融入高职英语教学中，通过设计、实施、检验有针对性的教学目标和任务，实现学生语言能力和跨文化交际能力的同步发展。

（二）跨文化交际能力与高职英语教学融合的原则

跨文化交际能力与高职英语教学融合应当遵循以下的原则：（1）相关性原则。跨文化交际的目的是提升学生的英语能力，尤其是提升其英语交际能力，因此相关的培养工作都应当将教材内容和日常交际衔接在一起，激发学生学习语言和文化的兴趣，在实景教学中提高学生的文化内涵。（2）适度性原则。高职英语教学任务开展应当重视学生的学习能力，保持跨文化交际的适度性，增强英语交际的针对性，避免由于教学难度过高引起学生的抵触情绪。（3）综合性原则。跨文化交际能力涉及多学科的内容，这就需要学生完成学科间的穿插学习，把所学的知识和英语结合在一起，完成各类知识归纳总结。（4）实践性原则。在英语教学跨文化交际过程中，教师要引导学生把英语应用到实践中，在实践中提升学生的英语应用能力，跨文化交际不能仅仅从书本中学习知识，更应当融入真实场景中，在动态真实的背景下获得体验和训练。（5）系统性原则。跨文化交际的融合要保持连续的动态过程，有层次有系统地开展教学工作，减少教学随意性，提高跨文化交际的针对性。

第二节　高职学生跨文化交际能力的培养

一、跨文化交际能力

（一）跨文化交际能力的界定

促进跨文化交际的途径就是减少交际中的不确定性。有学者从心理学的角度对跨文化交际能力进行界定，指出它是个体所具有的内在能力，是能够处理跨文化交际中的有关文化差异、文化陌生感及心理不适的能力。该定义对跨文化交际能力的界定更加强调"跨文化能力"，即处理文化差异的能力，没有涉及交际行为的过程是否得体和交际结果是否有效。

学者们对跨文化交际能力的界定虽然角度不同，但存在一定的共性，即交际场景的跨文化性，交际行为的得体有效性。语境是交际发生的环境、场景或场合，交际要在一定的场景中进行。交际者的社会角色、交际角色和交际目的直接影响交际行为，不同文化背景的交际对象对行为模式、行为规范、社会角色有不同的认知，对对方在某一场景中的交际行为有不同的期待，对交际行为是否得体也有不同的判定。由于交际对象的交际行为与自身交际行为规范不符，从而产生厌恶的情绪；交际知识的缺乏和负面情绪的影响从行为上表现出来，就会导致跨文化交际失败。跨文化交际能力，即跨文化交际语境中，交际者得体（符合目的文化的社会规范、行为模式和价值取向）、有效（实现交际目标）地实施交际行为的能力。

（二）跨文化交际能力的内容

各学派对跨文化交际能力应包含的内容问题，观点并不统一。语言学界一般认为，其内容包括语言能力和社会文化能力。语言能力包括词汇、语法、语音系统等，对此各家观点基本一致。社会文化能力由处事能力、沟通能力、知识体系和运用能力构成。这里的处事能力主要指交际主体与来自其他文化的交际对象沟通时，能够放弃民族中心主义的态度和情感的能力。知识体系指的是文化参照体系，例如，政治、经济、习俗、礼仪等。运用能力指整合处事能力、沟通能力和知识体系的能力。

跨文化交际学认为，跨文化交际能力包括基本交际能力系统（语言和非语言行为能力、文化能力、相互交往能力和认知能力）；情感和关系能力系统；情节能力系统；策略能力系统。

跨文化交际能力要视情况而定，由于同一行为在不同文化语境中意义不同，有跨文化交际能力的人的行为一定会得体、有效，跨文化交际能力需要足够的知识、合适的动机和交际技巧。在此基础上，他们提出跨文化交际能力的基本要素：表达尊重的能力，包括以言语和非言语形式表达尊重的能力，但需要注意的是不同文化背景对尊重的要求不同；知识定位能力，是人们用来解释和定义自身和身外世界知识的能力，个性化的解释是有定位能力的表现；关系角色行为能力，指主体能够与其他人保持和建立关系的能力；描写、解释和评价能力，指对所观察的事物进行客观描述的能力，做出解释和赋予意义的能力，以及在解释中做出评价的能力。

以上可见，各位对跨文化交际能力内容的表述，虽不尽相同，但大多都涉及语言、认知、情感和行为等方面的能力。

二、高职英语教学中跨文化交际能力培养

（一）提高跨文化交际能力的途径

通过综述跨文化交际能力的构成，我们知道跨文化交际能力包括认知、情感和行为三方面的能力。认知能力可以通过学习知识来提高，情感方面，无论是交际动机还是交际态度，也需要认知或知识来促进，这两方面的能力最终要靠行为技巧来体现。

1. 认识自我

（1）了解自身文化

文化是人们的行为指南，人们倾向于用自己本民族的价值观、社会规范和行为模式衡量他人的行为，因此了解自身文化的特点及其优点和缺点可以帮助人们克服民族中心主义中的狭隘倾向，提高跨文化交际能力。

（2）了解自己的情感态度

处事态度往往决定交际质量，人们在与他人沟通之前，往往会有一种由预先印象或定式带来的情感态度。这些交际前态度给交际者戴上有色眼镜，不能如实描述看到的客观现象，产生误解。如果交际者能够事先意识到这一点，就能在一定程度上克服先入为主的消极情绪，减少负面情绪对交际的影响。

（3）了解自己的交际风格

交际风格指交际者在交际中喜欢哪类话题，喜欢何种交际形式，如仪式化的形式、巧妙对答的形式、辩论形式等，交际者希望交际对象参与的程度，交际者喜欢的交际渠道，如言语、非言语等，以及交际者赋予信息的实际内容和情感内容的多少等。

人们在相互交往中了解对方的交际风格却很少注意自己的交际风格。如果在交往中你认为自己是一个开放型的人，而你的交际对象却感觉你是内向型的交际风格，那么出现交际问题的可能性就比较大。

（4）自我观察

自我观察是了解自己交际风格、待人接物的态度等交际行为的有效方法。人们一般不会在交际中询问交际对象自己的交际风格是怎样的，或者要求对方做出评价。交际者可以根据交际对象的反应来判断、总结自己的交际风格，提高交际能力要求交际者能够认识到自己的交际风格，发扬好的方面，改正或避免失败的交际策略，克服自身的缺点。

以上四点是提高交际者自我意识的方法，认识自己不是让自己成为交际的中心，而是

深入了解自己的文化，认识自己对于其他文化的态度以及自身的交际风格。坦诚看待自己的行为并不容易，但是对于提高跨文化交际能力很有帮助。

2. 考虑物理环境因素和人为环境因素

时间观念、物理环境因素和习俗是影响交际的重要环境因素。

（1）时间概念

交际能力较强的交际者知道时间概念的重要性，知道在何时谈论某一话题。单一时间取向文化，如美国，做事讲究效率，交际风格较为直接，要求严格遵守约会时间，迟到的一方要向他人表示歉意。在多向时间取向文化中，人们不严格遵守约会时间，在约会之前会向主人确认一下时间安排。墨西哥人的商务合同可以在两到三小时的午餐休息时间内签署，并且在会议快结束时才开始谈生意的现象也经常发生。了解交际者文化中的时间概念可以帮助提高交际效率和效果。

（2）物理环境

文化定义交际，不同文化在不同语境中的交际规则大相径庭。在美国，商务谈判通常安排在会议室中，谈判双方面对面坐着，气氛比较紧张。阿拉伯人倾向于避免这种正面的冲突，他们喜欢圆桌会议，或者干脆席地而坐。了解非言语交际中的时空语可以帮助交际者预测目的文化中自己所处环境的交际要求，从而使举止更加得体。

（3）习俗

一个民族的文化习俗反映人们的价值观念和行为模式，适应当地文化的习俗和传统是一种跨文化交际能力。一种文化中的简单习俗对于不知情的人来说都会很难把握，例如，在日本人家里做客，你会发现没有沙发或者椅子，你不知该站着还是坐在地板上。在韩国，人们不睡床，而是睡在地板上。在出国之前，了解一些当地习俗的基本常识能够帮助你更快地适应陌生环境。

3. 掌握不同的交流方式

到一个陌生文化中生活或者工作，或与来自其他文化的人进行交际，需要交际者掌握该种文化的信息系统，包括言语和非言语交流方式。

（1）学习语言

语言是重要的交际工具，熟练使用对方文化的语言是体会该文化的途径、学习该文化的工具，是跨文化交际能力的重要方面。当然，语言就其种类而言，人们不可能全都学会。建议是学习你要前往地的语言，或者当前世界上通用的语言。在大多数国家，英语都作为学校教育中主要的外国语，以英语为第二语言的人数较多。英语也是国际会议、商务往来的官方语言和通用语言。因此，如果不知道自己将来是否出国的人可以选择学习英语。英语的普及意味着说英语的人不一定以英语为母语，所以只学习英国或者美国文化是不够的，还要学习一些泛文化的知识。

（2）认识语言和文化的关系

语言承载文化信息，反映文化传统，习语和谚语就是这样。据估计，以英语为母语的人经常使用的习语超过一万五千多条，英语习语的特点是字面意思不是习语本身的意思，了解习语的文化含义才可能理解并正确使用习语。

交际者的教育背景和成长环境也是影响其用词及其词义的因素，以英语为第二语言的交际者在学习英语、使用英语时要留意这一点。

（3）非言语交际系统

人们在交际时除使用言语符号外，还伴随大量的非言语交际符号。如目光、体态、味道等在不同文化中意义不同，误用或误解非言语交际符号的意思会引起误会和矛盾。跨文化交际者应该掌握目标文化中非言语交际符号的含义，并练习正确使用和解读非言语符号的意义。

4. 移情能力

移情能力是情感能力的重要组成部分，主要指摆脱民族中心主义的束缚，不以本民族的价值观念看待和评判其他文化，设身处地为他人着想。萨莫瓦尔总结六个移情的步骤是：（1）承认世界的多元性，文化差异的存在是普遍现象。（2）充分认识自我。（3）悬置自我。（4）以别人的视角看待问题。（5）做好移情的准备。（6）重塑自我。

5. 学习冲突

无论在跨文化交际中还是文化内部交际中，都有可能发生冲突，发生冲突的原因很多，不同文化对冲突持不同的态度。美国人一般采用五种方法处理冲突。

（1）退避

退避是比较常用的避免冲突的方式，也是最简单的方式之一。退避，包括心理上的（如保持沉默不参与谈话）和身体上的（如远离冲突）表明了交际者不愿意卷入的态度。

（2）和解

和解建立在放弃自己的立场和观点、满足他人的要求、达到他人满意的基础之上。这种策略一方面表明交际者无所谓的态度，另一方面显示交际者的软弱，因此会造成一方占另一方的便宜。

（3）竞争

竞争的策略代表交际者坚持立场、争取胜利的态度。把自己的要求强加于人有很多种形式，包括威胁、言语侵犯、胁迫或剥削。

（4）折中

折中是找到双方都同意接受的途径。使用这种策略时，人们通常要牺牲某些东西以换取解决冲突的方法。

（5）合作

合作的核心是双方都想解决冲突，使用富有建设性的方法可以满足双方的目标和需要。以积极的观点看待冲突，合作是最理想的解决方式。从跨文化交际角度来看，有的文化倾向于积极地对待冲突；而某些东方文化中，倾向于避免冲突，对待冲突的态度比较消极。个体主义的交际者在处理与集体主义交际者的冲突时，应该避免采取直接的方式，转而采取婉转、间接的方式。

（二）跨文化培训的冲突调适

跨文化培训是跨文化交际学形成的土壤，也是跨文化交际学研究的主要内容之一。它是一项高度专业化的教学形式，目的是帮助人们在异国他乡的陌生环境中，有效地工作，愉快地生活，与来自不同文化的人们友好相处。为了满足跨文化体验对于学习者的要求，跨文化培训的专业人士在理论研究、课程开发和教学方法设计上下了很大的功夫，大大丰富了跨文化交际学的内容，促进了跨文化培训的实践探索。

跨文化培训在很大程度上取决于对培训对象、文化调适过程、跨文化培训本质、跨文化交际环境和培训方法等问题的理解和研究。

跨文化培训的目标基本上是将自己的本族文化身份转变为目的文化身份。值得一提的是，再大的动力驱使都不可能使一个来自不同文化的移民完全被主流文化同化，很多移民有意或无意地保持一定的本族文化的身份特点，以满足内心深处的精神需要。

跨文化培训的另一目标是适用于需要旅居国外的学生、外交官、商务管理人员和军人。他们对跨文化培训的要求具体实用，希望在保持自己本族文化身份的同时，学习目的文化，了解两种文化的异同，增强在目的文化中的交际能力，以便更快、更好地适应新环境，为自己的学习、工作和生活打好基础。对于他们来说，培训的理想结果就是成为双重文化身份的人。

文化冲撞的产生主要有三个原因：陌生的环境和太多的不确定因素；人际交往困难，孤立无援；个人文化身份受到冲击。跨文化培训在帮助学习者正确认识文化冲撞的必然性与积极意义和了解文化冲撞产生的原因之后，就可以从文化冲撞入手，利用文化冲撞对学习者所带来的情感和认知的冲击，来增强他们的跨文化意识，从而开始系统的培训。

文化调适一般需要经历三个阶段：紧张痛苦阶段、逐渐适应阶段和稳步提高阶段。人体内部系统需要一系列稳定因素的支撑才能保持其正常运转，一旦我们接收的信息打破了我们现有的内部秩序，我们就会感到不平衡，并因此产生紧张和不安的情绪。在熟悉的文化环境中，我们日复一日、不假思索地重复很多活动，感到自然放松。然而，对于初来乍到的陌生人来说，一切都是新奇的，每一次跨文化体验都会使他（她）或多或少地感到紧张，但一定会有新的理解和认识，对移入文化和自己的本族文化也会有更深的了解，这种理性认识的提高反过来又促进文化调适的进行。

在整个文化调适过程中，交际起着至关重要的作用。文化调适过程实际上就是移民和旅居者通过跨文化交际实践，增强在移入文化中的交际能力的过程。他们在新的社会环境中，有意无意地参与一系列信息编码和解码的语言和非语言的交际活动，从中获取了关于自己和目的文化的最新信息。这些亲身体验和认知学习加快了他们的文化调适过程，提高了他们的跨文化交际能力。

三、跨文化交际意识培养

20世纪中叶以来，越来越多的外语教学和研究人员意识到了将语言教学与文化教学有机结合的重要性和必要性，在第二语言教学中培养学生的跨文化交际能力，要求外语教师必须寓文化教学于语言教学之中，在传授英语语法规则和句型操练的同时，还要重视对目的语文化背景的教学，并采取相应对策培养学生的文化意识。

（一）外语课堂中进行文化教学的必要性

语言与文化密不可分，事实上，我们一直在讨论的文化与语言之间的关系使得文化本身成为任何第二语言学习课程中必不可少的一部分。正如有些学者认为的那样，学习某种语言而不去了解其文化只不过是一种无畏的尝试。简言之，对于大多数学生来说，这样的学习只会变得枯燥无味，这样的学习只会退步为词汇和句式的学习；对于许多学生来说，尤其是对于那些出于融入目的文化动机而学习的学生来说，能够赋予语言以生命力的恰恰就是文化学习。

对于第二语言学习者个人而言，不断深入对文化的理解能够增强其个人学习语言和文化的兴趣。通常情况下，外语学习者懂得越多，他们想要了解的就越多。了解某种语言的使用者——了解其思维、感觉、行为和习俗——为第二语言学习者恰当地使用目的语，并更为有效地与该国人进行交际提供了极大的可能性。

从更为广泛的意义上来讲，文化习得是创造世界和平、保障经济合作的迫切需要。有学者认为，对于某些民族成员生活方式的了解有益于我们了解世界上相互冲突的价值观体系。就像一个联合国大会的缩影一样，跨文化交际的课堂强调文化间的相互理解与包容，身处其中，学生会了解到不同的文化往往呈现出不同的发展态势和特点。只有学会理解并接受不同文化的特点以及不同文化中人们不同的行为模式，人们才有可能恰当处理好不同地域、国家人群之间的关系，促进其交流。

（二）文化意识形成的不同阶段

在习得目的文化的过程中，学习者从起初的持有文化定式到最终达到真正的移情，需要经历文化意识形成的不同阶段。事实上，由于文化学习者个体存在差异，其最终所能达到的层次也不尽相同。

首先，事实、定式和不足在第一层次上，学习者感受到的文化信息包括学习者认为的目的文化事实、对目的文化及其中的人群持有的文化定式和学习者所认为的目的文化具有的"不足"。例如，一些以英语为第二语言的学习者先入为主地认为：所有的美国公民都开着大轿车并且大声说话；所有的美国男性都喜欢畅饮啤酒并且喜欢穿牛仔靴等。这些文化定式在不同程度上，都会对学习者真正了解目的文化产生阻碍。

其次，浅显的理解在第二层次上，第二语言学习者会发现更多有关目的文化的细微特点并且有时可能会感觉到失望或沮丧。在这一时期，学习者对于他们观察到的事物只表现出浅显的理解，而非深入的理解。例如，有些以英语为第二语言的学习者发现有些美国人的确非常友善，他们追求真正的友谊或人际关系，而有些美国人只是表面上很友好；有些学生会发现诸如"我们什么时候聚一聚"之类的邀请有可能是认真的，也有可能只不过是礼貌性的寒暄，没有什么切实的意义。有时，诸如此类的发现会使得学习者感到迷惑，甚至恼怒，但是他们却不了解其背后隐藏的真正原因。

再次，深入的理解在第三层次上，第二语言学习者开始从文化载体本身的参考框架角度来理解文化现象。这一层次包括学习者对文化深入的理解和其对文化接受的程度。这一层次的学生开始掌握能够与目的文化礼貌传统相结合的主观防御机制，进而能够理解来自目的文化的人传递给他们的某些混杂的信息。例如，此时，以英语为第二语言的学习者开始认识到以英语为母语国家的人们的思维角度往往受到许多不同民族和文化群体的限制，进而开始接受他们的思维角度和行为模式。

最后，移情这一层次指的是只有通过融入某一文化才能获得真正的文化立场的转换和对自己母语文化框架模式的超越，称为真正的文化适应。第二语言学习者在学习过程中要受到社会和心理上与目的语文化成员之间距离的影响，这一模式包括个体学习者与目的文化之间的距离，认为当二者之间的距离较小时，则说明学习者已经适应了新的文化并且对这一文化感到认同。例如，有少数达到这一水平的留学生把目的语国家认同为"他们的国家"，并且往往决定留在那里开展其事业。他们大量地使用目的语中的习惯用语。他们往往有意识地或无意识地力图融入该国人的生活，并尝试理解、尊重、迎合该国人的期望。

一些第二语言的学习者非常渴望尽快了解目的文化社会，但事实上，许多学习者并不能够完全了解并适应目的文化。有时候，在跨文化交际课堂上，虽然有的学生完成了对目的文化某些方面的学习，但是他们往往坚持其母语文化的理解方式和行为模式，而并未做出很大的改变，甚至有些留学生的最终目标只不过是带着良好的目的语技能和较高的目的语国家学位荣归故里，而不须改变其本人的文化身份。对于陪读的家人来说，他们甚至更渴望坚持其本身的文化身份。大多数的第二语言学习者渴望通过在目的语国家学习或生活，观察他们周围的文化传统习俗，并设法适应目的语文化来开阔其文化视野。许多第二语言学习者出于继续深造和谋求好事业的需要而来到目的语国家生活，并且参加相应的目的语学习课程，因此，他们更能贴近和感受目的语文化。通常来讲，他们会以自己的文化视角来看待目的语文化，但与此同时，他们又开始以新的方式来审视自己以及其母语文化。

以英语为第二语言的课堂是我们所生活世界的一个典型缩影。以英语为第二语言的学生不仅要面对以英语为母语国家的文化，还要常常接触世界其他国家的文化。通过对外语学习过程中文化因素的系统性学习，他们会明白世界上并不是只有某一种"固定"或"正确"的解决问题的方式，而是有许多种解决问题的方式，这主要是由于文化的多样性造成的。事实上，这些学生还是会觉得他们母语文化中解决问题的方式最令人感到舒服并且最适合他们。但是，他们不会再否定其他国家人民的信仰和行为，并且会明白虽然其中的某些信仰和行为和他们自己国家的信仰与行为有时会截然相反，但是这些信仰与行为对于其所在国家的人民来说，仍然是合情合理的。

（三）文化教学的课堂活动

对于目的文化的学习并不是简单的理论堆砌，这样的学习方式无疑只会使学生逐渐丧失学习目的语及其文化的兴趣，跨文化交际意识的培养也就无从谈起。事实上，学习目的文化除了通过丰富学生理论知识的方法之外，还要从具体的课堂教学环节设计入手，通过生动的跨文化交际课堂活动，让学生去真正地了解和体会目的文化以及目的文化当中人们的行为模式。这样，学生的跨文化交际能力才会有真正意义上的提高，跨文化交际课程的设置才会真正具有意义。

在跨文化交际课堂中，文化教学活动具有不同的实施方式，我们大致可以把它们划分为六种类型。

其一，目的文化信息源这一类型的文化教学活动可以采取多种形式进行，例如，邀请专家就某些特定的文化主题举办讲座，安排问答环节，组织学生对话或者体验某些社会场景。其中的许多技巧都可以用于跨文化交际课堂中，但事实上，这些还远远不够。教师可以鼓励学生多多接触目的文化中的人们，最好能够找到与学生年龄相仿的目的文化成员，通过就彼此共同感兴趣的话题进行交流来增强学生对于目的文化的了解。

其二，一般来讲，教师在课堂上的讲解与展示是必不可少的，但是文化教学绝不是只限于以教师为中心的讲解活动。学生从彼此之间或者从目的文化成员身上学习到的文化知识要远远多于从教师处所学习的文化知识。教师在课堂上所扮演的角色不应该是滔滔不绝的演示者，而是要成为一系列不同的文化教学活动的组织者和倡导者。

其三，音乐本身就是一种国际化的语言，它能够引导学生更好地学习新的语言并了解新的文化。课堂音乐活动可以包括唱歌、写歌、观看音乐剧、欣赏目的文化中不同类型的音乐（例如，摇滚、爵士乐、蓝调和古典音乐等），甚至学习演奏目的文化中的某些乐器。

其四，实物与绘画教师可以在跨文化交际课堂中，布置一些反映目的文化的实物、图画和照片。学生置身于这样的环境之中，就能够时刻感受到目的文化中的象征物。这一课堂活动的优点在于能够激发学生就其母语文化和目的文化中的同类实物和场景进行跨文化的对比与比较。让学生观察反映某些文化群体的实物与图片，或者让其猜测某些物品的用途等方法都可以在这一类的文化教学活动中实施。

其五，调研性的文化学习活动是由学生自行选取或设计的，可以以个人的方式进行，也可以以与他人合作的方式进行。这样的活动可以在高职层次的第二语言学习课堂中使用，由学生自行实施的典型活动包括：讲解如何准备目的文化中的某些菜肴；对目的文化成员就某些问题进行正式或非正式的采访或调查；简要地研究目的文化中某一时期的音乐风格；欣赏目的文化中典型的体育赛事；搜集有利于学生了解目的语及其文化的习语、格言等。这些课堂活动一般都采取让学生自行设计的形式进行，有时教师也可以给学生提供启发，再由其进行进一步的发挥与创新。

其六，学习风格清单是能够吸引学生兴趣并提供大量文化信息的另一种文化教学活动，就是引导学生观察来自不同文化的学生所展现的不同学习风格。这实际上也是对某些文化信仰和态度的体现。事实上，学生有时非常乐于列出不同种类的学习风格清单。比较不同文化群体的学习风格是一种十分有趣的课堂活动，学生需要去思考并解释不同文化群体的成员是如何看待学习的和他们使用何种策略与行为来帮助他们学习语言和文化。当然，并不是来自某一文化背景的学生都具有同一种学习风格，但是其中还是会存在一些不可避免的文化相似性。例如，西班牙学生具有更为开放和外向型的学习风格，而大多数亚洲学生，由于其所接受的教育，往往表现得更具分析能力，并且更为内向。

以上所有类型的文化教学课堂活动都可以加以灵活的调整，用于满足不同水平和层次的第二语言学习者的实际需要。例如，在进行复杂的角色扮演活动过程中，教师可以提示复杂词汇的意思或者利用视觉辅助材料，以帮助学生理解其中的情景意义。此外，教师应注意无论采取何种形式的文化教学课堂活动，都应该给予学生一定的时间用于进行活动前的准备工作，例如，可以要求学生事先简要了解与某一课堂活动相关的概念，把活动过程中将要出现的生词写在黑板上，准备能够反映特定文化背景知识的文化代表物等。总之，一切可以促进学生了解目的文化的方法和手段都可以用到文化教学的课堂教学活动中来。

学习文化知识并不是简单的理论堆砌，需要结合具体的跨文化教学实践来进行。事实上，文化意识的培养和跨文化能力的提高并非一日之功，这需要第二语言教师和学生坚持不懈努力才能达到。在跨文化交际课堂中，教师的角色不仅是语言知识的传授者，同时，也应该是目的文化知识的传授者。教师应该同时具有引导学生了解并分析母语文化和目的语文化的能力，进而才能够帮助学生提高跨文化交际能力，并相应地培养其文化意识。

第四章 高职学生跨文化交际与英语教学思维的构建

第一节 跨文化英语教学的理论构建

语言变化与社会发展同步进行，英语教学作为一门应用型学科必须以社会发展的需要和学习者个人进步的需要为出发点，以帮助学习者适应社会的政治、经济及文化发展为己任。跨文化交际成为当今世界的时代特征，跨文化交际能力成为学习者适应这一时代发展需要的必备能力，跨文化英语教学在这种背景下应运而生。

一、高职英语跨文化教学理论基础

（一）语言与文化，语言教学与文化教学的关系

语言与文化之间密不可分的关系已经得到广泛认可。传统英语教学的基础学科——语言学，也从单纯的语言形式研究的禁锢中解放出来，衍生出了社会语言学、语用学、心理语言学等分支学科，进行了大量跨学科研究，使语言与思维、社会、文化和交际之间千丝万缕的联系逐渐被认识。任何一种语言的产生和发展都依赖于该语言群体及其赖以生存的社会文化。语言不仅具有表情达意的交际功能，它还是感知和思维的表现系统，前者是语言的外显功能，以语言输入和输出为形式；后者是语言的潜在功能，属于认知心理活动。两方面相辅相成，构成语言使用的全过程。

任何人际之间的交际都是从个体对外界环境进行选择性的感知开始，这个感知活动受个体的语言、文化和经历的影响。通过各种身体器官（视觉、听觉、触觉等）感知的结果然后经过大脑活动转换成概念或思想，这两个过程构成语言表达的第一阶段，即输入、内化阶段。要让对方知道自己的思想，还必须借助语言系统外化自己的感知结果和思想，这就是语言使用的外化、输出阶段。这一过程首先是将已经形成的概念和思想转换成能用外化的一个新的符号系统。这不是真正意义上的语言学习，在这种情况下，学习者学到的只是一套脱离了原来赖以生存的文化内容的符号系统，学习者只能用它来表达自己本族文化的一些思想内容，却无法将其作为与目的语语言群体进行交流的工具，因为离开了该语言所反映的社会文化现实，这一新的符号系统就好像一个没有了血肉的、僵化的躯干，失去了其原有的活力和价值。

英语学习的目的多种多样，但是就正规的学校英语教学而言，提高学习者英语交际能

力是一个共同的目标。英语交际能力的提高必然要求学习者了解目的语言所反映的文化意义系统，通过将目的文化与本族文化进行对比，调整和修改自己的认知图式和参考框架。只关注语言符号和语言形式，忽视语言使用中的文化内涵的教学显然是毫无意义的，英语教学应该与文化教学有机结合。

跨文化交际能力这一概念将跨文化交际学和英语教学两门学科联系起来，使两个原本独立的学科开始相互渗透、相互借鉴：英语交际能力作为跨文化交际能力的重要组成部分，逐渐受到跨文化培训人员的重视；文化与语言血肉相连，文化知识的学习和跨文化交际能力的培养理应成为英语教学家族中的成员。

（二）跨文化英语教学是英语教学发展的需要

英语教学是一门极其复杂的应用型学科，涉及学习者的认知心理、教师的教育观念、社会的政治经济环境等诸多方面，因此英语教学理论的建立需要借鉴很多不同学科的研究成果。而且，由于英语教学的宗旨是为社会和学习者个人发展服务，培养社会发展所需要的人才，所以随着社会的飞速发展，英语教学工作者也应及时更新观念，调整教学大纲和教学方法，以跟上时代发展的步伐，这就是第三次社会化过程的基本含义，也是英语教学为提高学习者综合素质所做出的贡献。

跨文化英语教学无论从语言与文化的关系和英语教学的需要来看，还是从社会发展的外部环境来看，都是十分必要的。一方面，文化作为英语教学的有机组成部分，为语言学习提供了真实而又丰富多彩的语境，使语言学习与真实的人和事物联系起来，从而刺激了学习者英语学习的积极性，增强了他们的学习动机，因此有利于促进英语语言教学，提高教学效果。另一方面，将语言教学与文化教学结合起来符合跨文化交际能力培养的需要，因为不学习目的语言，不通过交际实践，只通过媒体等渠道了解目的文化，只能是一种间接的文化学习，学习者不可能获取跨文化交际的亲身体验，因此很难在情感和行为层面达到跨文化交际能力的要求。在英语教学中进行跨文化培训可谓一箭双雕，既满足了语言学习的需要，又促进了跨文化交际能力的提高，从而充分发挥了英语教学的潜力。

到现在为止，我们的讨论还只停留在对跨文化英语教学的必要性和先进性的探讨上。理论说明固然重要，但是跨文化英语教学如何实施的问题则具有更实际的意义，如何在大纲和课堂教学中体现跨文化英语教学的思想是教师和学生更加关心的问题。

二、跨文化英语教学：目标和内容

确定目标和标准是教学计划和教学实践的第一步。跨文化英语教学近二十年来在美国和欧洲等国家发展很快，跨文化英语教学这一术语的使用目前并不统一。这里所指的跨文化英语教学在吸收这些理论思想的基础上，将跨文化英语教学思想又向前推进了一步，形成了具有我国特色的跨文化英语教学框架，确定教学目标，界定教学内容是这一框架的两个重要环节。

（一）跨文化英语教学的目标

跨文化英语教学的总体目标是：提高学习者的英语交际能力（语言文学目标，初级目标）；培养学习者的跨文化交际能力（社会人文目标，高级目标）。跨文化英语教学是交际法英语教学的延伸和发展，如果说提高英语交际能力是英语教学的最终目的，那么它只是跨文化英语教学的一个部分，是促进跨文化交际能力培养的一个重要手段。这并不意味着英语交际能力培养应该附属于跨文化交际能力的培养，是一个次要的教学目标。实际上，在跨文化英语教学中，两个目标的实现同等重要。英语交际能力以目的语言和文化的学习为核心，以语言交际能力和阅读能力的提高为重点，是英语教学实用的语言文学目标。跨文化交际能力的培养作为英语教学的高级目标，是通过进行文化对比，增强跨文化意识，学习普遍的文化知识，培养多视角的、灵活的、立体的思维能力和与不同文化群体进行交际的技能，来发挥英语教学对于学习者个人素质和综合能力培养所具备的潜力，这是英语教学的社会人文目标。虽然在一定程度上，英语交际能力是跨文化交际能力的前提和基础，但是，跨文化交际能力的培养过程，同样可以促进英语交际能力的提高，因此它们之间是一种相辅相成、相互渗透、共同发展的关系。

对英语交际能力的研究经历了一个发展完善的过程，基本上已经形成一套相对稳定、成熟的理论体系，这些理论在英语教学实践中得到了检验和充实。同样，跨文化交际能力作为跨文化交际研究的主要课题之一，也受到许多研究者的重视。由此可见，跨文化交际能力在英语教学和跨文化交际两个学科领域之间所起的桥梁作用。尽管英语交际能力和跨文化交际能力都已在各自的领域得到了极其充分的研究，但是跨文化英语教学的目标和内容并非两者的简单相加。由于语言与文化教学的有机结合是跨文化英语教学的本质特征，因此一个相互渗透、融为一体的语言和文化教学框架才是我们追求的目标，语言与文化的有机结合应该从确定教学目标开始，贯穿英语教学的其他环节和整个过程。我们首先从教学目标着手。

英语中用不同的单词来表达不同层次的教学目的。前面我们已经提到了英语教学的两个目标，，这是对教学目的一个总体、抽象的描述。只有对抽象的目标进行具体分析，才能将其转化成可供英语教育工作者教学设计的依据和参考，这些细化了的目标就是教学目的（aims）。与这些目的相伴而生的是衡量达到这些目的的标准（standards）。目的和标准的确定非常重要，因为一方面它是对总体目标的细分，是总体目标实现的衡量标准；另一方面又是对教学具体实施的指导，是确定课堂教学目的（objectives）和教学活动的基础，同时也是教学评估和测试的基础。这种承上启下的作用决定跨文化英语教学要得到英语教学界的普遍认可，成为一个健全、合理和实用的英语教学法，必须有明确的教学目的和标准。

教学目的和标准的确定基本上属于一种政府行为，一般是由政府教育机构发起，委托数名专家组成项目组进行调查研究，提交报告，最后再由教育部门审定和颁布，并监督实施。这说明教学目的和标准的确定受社会文化和政治经济等客观环境的影响，虽然跨文化英语教学的本质特点适用于任何国家和地区，但是其教学目的和标准以及教学方法在美国和欧洲可能有所不同。同样，在中国的国情下，跨文化英语教学也应该具有自己的特色，不能一味模仿。

1. 知识层面

语言意识即知道语言的基本特点和功能，理解语言和语言使用与社会文化之间的关系；文化意识即知道文化的基本概念和特点，理解文化与语言之间的相互作用；目的文化知识包括了解目的文化的交际风格、了解目的文化的非语言交际特点、了解目的文化的社会习俗、了解目的文化的社会结构、理解目的文化的价值观念、了解目的文化的历史、地理和环境、了解目的文化的文学和艺术。

2. 能力层面

英语交际能力包括语言能力、非语言交际能力、社会文化能力、交际策略；跨文化交际能力指的是能够分析和观察文化现象、能够将目的文化和其他文化与本民族文化进行比较、能够反思并更好地理解自己的民族文化和个人文化参考框架、能够接受文化差异，将文化差异与不同的价值、意义系统联系起来、能够根据交际场合和交际对象调整自己的言行、能够以跨文化的人的身份参与跨文化交际，做一个文化协调员，能够采用灵活的、多角度的立体思维方式，意识到不同文化没有好坏优劣之分，只有异同的存在。以上跨文化英语教学的目标框架以培养学习者英语交际能力和跨文化交际能力的总目标为宗旨，从认知、行为和情感3个层面对教学目标和目的进行了描述，为教学内容的选择、教材的编写、教学方法的设计、教学测试和评估以及教师培训等环节提供了依据和参考。

（二）跨文化英语教学的内容

跨文化英语教学的目的包括知识、能力和态度3个层面，因此教学内容也应该全面考虑学习者这三方面的需要。下面我们来对所列出的教学内容进行分解。首先，跨文化英语教学内容由四个模块构成：目的语言、目的文化、其他文化和跨文化交际能力。目的语言和目的文化这两块的内容与我们现行英语教学的内容基本吻合。通过这两方面内容的学习，学习者能够掌握目的语言知识，并能使用该语言与目的语言群体进行有效交际，这就是英语交际能力。值得一提的是，在这两个模块中分别增加了"语言意识"和"文化意识"两项内容。将语言意识列为教学内容是希望学习者通过学习目的语言，反思自己的母语，了解语言的普遍规律，尤其是了解语言与社会和文化之间的关系。同样，培养学习者的文化意识是为了让他们了解文化的构成、文化的作用、文化的发展规律等文化相关知识，文化意识是跨文化意识和跨文化交际能力培养的基础。此外，文化交流作为目的文化教学内容的组成部分，指的是学习者本族文化和目的文化之间的交流，即学习者在学习目的文化知识的同时，不断寻求机会，或由教师创造机会，去体验目的文化，并且反思本族文化，将目的文化与本族文化进行比较，以增强对文化差异的敏感性，培养对目的文化的移情态度。值得注意的是文化交流与语言使用应该属于同一个内容范畴，因为它们通常是相伴而行、同时进行的，文化是交流的内容，语言是交流的手段。

英语教学内容的第三模块是其他文化的教学。这是跨文化英语教学不同于其他以文化为基础的英语教学的特点。如果说英语交际能力是以目的语言和目的文化的掌握及应用为目的，那么跨文化交际能力则是一种以学习者母语和本族文化以及目的语和目的文化的学习、交流、反思和体验为途径，同时兼顾学习和了解其他语言和文化的特点，进而超越各种具体文化束缚的一种灵活的交际能力，是以与来自世界各种不同文化的人们进行有效交际为目的的能力。如果英语教学完全排除其他文化的内容，势必会造成学习者徘徊于本族文化和目的文化之间，而忽略了其他文化的存在，这不利于培养学习者的跨文化意识，也不利于跨文化的人的培养目标的实现。虽然英语教学由于时间和精力的限制，不可能让学习者同时全面学习和体验多种不同的文化系统，但是在一定程度上了解除本族文化和目的文化之外的其他文化的特点是可行的，可以通过教学材料的选择和教学方法的设计来完成。

跨文化英语教学内容的另外一个范畴是跨文化交际能力的培养，它包含的教学内容很多。其中跨文化意识指的是对文化差异敏感性和态度的培养，跨文化交际能力是一个宽泛的概念，是一个包含知识、能力和情感各个层面的综合素质，而跨文化交际实践，作为教学内容之一，主要是由教材和教师提供或创造跨文化交际的机会或情景，让学习者去体会跨文化交际过程中可能出现的问题，如文化冲撞、误解等。在教师的帮助下，他们从中学会自我调节，掌握解决问题的方法。在这个教学内容模块中，还包括了跨文化研究方法的教学，其意义在于跨文化交际能力的培养是一个终身学习的过程，学习者不可能在学校教育期间学习世界所有不同的文化，英语教学也不可能预计学习者将会遇到的各种跨文化交际情景，因此掌握跨文化研究的方法是最现实、最有效的途径。

三、跨文化英语教学大纲的特点

跨文化英语教学的本质特点是以跨文化交际能力为组织原则、以文化为中心的英语教学，这显然与提高英语阅读能力或英语交际能力为目的的英语教学不同。除了以上论述的目标、目的和内容上的区别之外，教学大纲的组织结构也有很多不同之处。

（一）三种英语教学大纲比较

早期传统英语教学的大纲受语言学影响，具有很强的科学性，英语教学内容被线性分割，语音、语法、词汇等作为教学的主要内容，与它们得以存在和使用的、真实的社会文化语境几乎完全脱节，学习者的主观思想和个人体验更是被置于九霄云外。这种客观科学的教学大纲的典型代表是直接法和听说法。后来的交际法英语教学和其他一些以语言能力为目的的英语教学法采取的是一种介于科学性教学大纲和人文性教学大纲之间的、过渡性和连接性的课程大纲，其特点是强调学习者使用所学语言知识，来表达自己的思想和感情的重要性。在这个教学大纲中，意义的理解和表达重于语言结构和形式的学习，学习者的个人需要和主观作用得到了一定程度的认可。人文性的教学大纲考虑英语教学的社会、经济和政治环境，以及学习者自己的知识和体验对于英语教学的作用，沉默法、暗示法和社团学习法都属于这种人文性的英语教学模式。

交际法和人文性大纲都包括了文化内容，只是前者的文化教学较为肤浅，只涉及与语言和语言使用相关的文化内容，忽视了社会文化环境和学习者个人文化背景在英语教学中的作用；后者的文化内容虽然较之要丰富、自然得多，但是，其目的仍然是促进语言教学，因此文化在英语教学中仍处于辅助、次要的地位，文化教学自身的价值和独立性没有得到重视。只有跨文化英语教学才真正认识到文化教学不仅对语言学习必不可少，而且也是跨文化交际能力培养和学习者个人综合素质发展的必经之路。将文化教学提高到与语言教学同等重要的地位是跨文化英语教学的创举，因此跨文化英语教学大纲将充分体现这一特点。

（二）跨文化英语教学大纲的特点

跨文化英语教学大纲的特点可以归纳为以下几点。

1. 文化与语言互为目的和手段，共同构成英语教学的基础内容

文化是语言存在和使用的环境，通过学习语言形式和语言使用中所蕴含的文化内容，使语言学习更加全面深入，真实生动。语言教学材料因为文化内容的全面渗透而被置于一个真实的、丰富多彩的文化环境之中，拉近了学习者与学习对象之间的距离，使学习个人化、自主化，有利于刺激学习者英语学习的积极性，促进英语交际能力的提高。从这个意义上来说，文化学习的目的是更好地学习语言，文化学习是语言学习的手段。这种观点得到了很多英语研究者和教师的认可，并在英语教学中广泛实施。然而，在跨文化英语教学中，这只是一个方面。

语言是对文化的反映，语言学习必然是文化学习。语言学习的目的是习得目的语言，掌握一个新的交际工具，它同时也是为了开阔眼界，学习者通过学习和使用目的语言，来学习和体验目的文化，并在此基础上接受跨文化培训，培养跨文化意识，获取跨文化交际能力。所以说，语言学习是文化学习的手段，而文化学习是语言学习的最终目的。

值得一提的是，母语和本族文化在这一教学过程中起着重要的作用。它们虽然不是教学的主要内容和目的，但是在培养语言意识和文化意识，进行文化对比时，母语和本族文化的作用不可轻视。而且，根据跨文化英语教学的标准，反思并更好地理解自己的民族文化和个人的文化参考框架也是教学目的之一，因此制订大纲时应该考虑这一点。

2. 文化教学与语言教学有机结合

这是对前一点的继续说明。处于同等重要地位的语言与文化内容的有机结合贯穿英语学习各个阶段（初级、中级和高级）、各个环节（英语教学计划、课堂教学和教学评估与测试等）和各门课程（听、说、读、写等）。虽然根据学习者的语言、文化和认知水平，在不同阶段，语言和文化的学习会各有侧重，但是，就英语教学整体来说，两者处于同等重要的地位。正因为两者天生不可分割的关系，它们在实际教学中也应该是你中有我，我

中有你。当然，语言与文化在英语教学中的有机结合并非易事。教学内容的膨胀和不熟悉的教学要求往往会使缺乏经验的教学设计者和教师难以兼顾，顾此失彼。这就要求大纲制订者、教材编写者和教师培训者等各路专家广泛合作，充分研究语言与文化在教学中结合的途径，将研究结果转换为实用的、操作性强的、系统化的大纲、教材和培训项目，给教师以足够的准备和实实在在的帮助。

跨文化英语教学的目标是通过小学、中学、大学，甚至持续到大学毕业后的英语教学和社会实践来实现的，这是一个连续的、一贯制的学习过程，在这个过程中有很多因素会对教学成果产生影响，其中各阶段教学目标的确定、课程设置、教学活动、教学方法、教学原则、教材、测试和教师等因素起着决定性的作用。

第二节　跨文化英语教学的原则方法

一、跨文化英语教学的原则

一般来说，教师是教学的主要执行者，是教学的主体，韩愈所说的"传道、授业、解惑"就是对教师主导作用的精辟描述。但是在跨文化英语教学中，教师的主体作用得到了不同阐释，学习者的中心地位凸显出来，英语教学也因此呈现出不同的特点。这些特点集中表现于以下四条教学原则。

（一）以学习者为中心，以引导学习者进行自主学习为主要教学模式

学习者是教学过程的真正主体，教师的教学、教材的编写和教学方法的设计和选择都必须围绕学生的实际需要进行。在跨文化英语教学中，不仅学习者的英语语言学习需要受到应有的重视，在整个教学过程中，他们对母语和本族文化的体验和理解、对目的文化和其他文化的态度、个人综合素质的提高，包括立体思维方式的形成和跨文化交际能力的培养，甚至对整个人生的态度等很多与学习者的过去、现在和未来密切相关的主题都是教学设计和教学活动的考虑因素。就教师而言，引导学习者进行自主学习是其主要任务，虽然知识的传授和规则的讲解仍然必不可少，但是教学的中心应该转向学习者自主学习能力的培养。这一点对于跨文化英语教学来说非常重要，原因之一是当今世界信息爆炸，知识不断更新，培养终身学习的思想，掌握独立学习的方法成为教育界普遍关注的一个趋势。另一个原因是跨文化英语教学的目标和内容相对于传统的英语教学而言扩大了无数倍，而教学时间基本不变，不可能有大幅度的增加，因此学习者在校期间有很多教学内容无法接触和学习，教师只有通过"授之以渔"的方法，才能确保教学目标的最终实现。这也是为什么将学校之外的英语和文化学习也纳入整个教学体系的原因。以学习者为中心、以学习为中心的思想在后面几条原则中也都有体现。

（二）语言教学与文化教学有机结合

语言和文化在跨文化教学中互为目的和手段。英语发展成为国际通用语的动因之一是跨文化交际日益频繁，来自世界各地、各民族、各文化群体的人们需要这一通用语作为沟通和交流的媒介，因此英语学习的目的之一就是进行有效的跨文化交际。而且，由于英语语言学习本身涉及文化的学习，所以我们完全有理由说，英语语言的学习是文化学习的手段，文化学习和跨文化交际是英语学习的目的。反过来，文化学习为英语语言学习提供丰富多彩、真实鲜活的素材和环境，大量文化材料引入英语教材和课堂，不仅使英语学习生动有趣，而且是英语交际能力培养的重要保证。总之，跨文化英语教学包含语言教学和文化教学两个相辅相成、不可分割的方面。

所以，在教学设计和课堂教学中，语言教学和文化教学必须有机结合。这种结合体现在英语教学的各个阶段、各个环节。虽然，根据学习者的认知水平和学习需要，在不同阶段和不同课程中，语言和文化各有侧重，但是在跨文化英语教学中没有单纯的语言课或文化课，只要具有这种意识，总能找到两者的结合点。

（三）从实用主题过渡到间接、抽象的意识领域

不同年龄层次的学习者在认知水平、情感发展和经历、经验上都有很大的差别，这些差别必然导致教学内容和教学方法的不同。一般情况下，对于年龄较小的学习者来说，与他们的生活和学习息息相关的、具有可比性的、具体的、直观的教学材料较为合适。随着学习者认知水平的发展，心理承受能力的增强和人生体验的增加，语言和文化教学内容的深度和广度逐渐扩大到一些间接的、复杂的、需要进行抽象思维的意识领域。就文化教学而言，这种相关性和适合性的原则至关重要。跨文化交际能力的培养是一个漫长而复杂的过程，在这个过程中，由于学习者对母语和本族文化理解和体验是学习过程中不可缺少的一部分，学习者在学习外国文化的同时，还一直处于一种自我认识、自我反省、自我批评、自我完善的状态之中，任何与他们的经历和认知能力相距甚远的教学内容和方法都将背离以"自我"与"他人"比较对照的文化学习原则。

（四）平衡教学内容和教学过程的挑战性

任何教学活动都涉及教学内容和教学过程两个方面。为了取得最大的教学效果，内容的安排和过程（即教学活动）的设计必须考虑对学习者的挑战和支持程度。理想的教学应该是挑战和支持得到很好的协调，如果内容复杂，难度较高，那么教学活动或过程就应该相应降低难度，给学习者较多的支持；相反，如果内容简单、难度较低，教学活动就应该具有较高的挑战性。只有这样，才能保证学习者从教学中得到最大的收益。否则，复杂的教学内容如果被置于挑战性很强的教学活动中进行学习，学习者就会有很强的恐惧心理和挫折感，不利于调动他们的学习积极性；相反，如果内容简单，教学活动又缺乏挑战性，那么学习者的学习潜力不能得以发挥，而且他们也会觉得乏味，学不到东西。

处理好教学内容与过程、挑战与支持之间的辩证关系是跨文化培训的一个重要理论和原则，它对于跨文化英语教学来说同样适用。

二、跨文化英语教学的常用方法

近年来，随着跨文化培训和英语教学的蓬勃发展，文化教学方法和语言与文化结合教学的方法层出不穷，首先介绍几种常用的文化教学方法，然后对如何在实际教学中将文化教学与语言教学有机结合进行探讨。

（一）文化教学的常用方法

文化教学方法大都是由跨文化培训专家通过实践，结合社会学、文化学、教育学和心理学的相关理论研究开发出来的。目前，广泛使用的方法归纳起来有以下几种。

1. 文化讲座

讲座作为传授知识的一种有效手段，对于文化教学来说也是必不可少的。跨文化交际能力的培养需要学习者了解和掌握相关文化知识，如文化的本质特点和功能，文化包含的内容和范畴，不同文化的价值观念和习俗规范等，都可以通过讲座的形式传授给学习者，不同文化主题构成一系列的文化知识讲座，有利于学习者进行系统文化知识的学习。但是，文化讲座提供给学习者的大都是间接的经验，而且大量冗长的讲座往往会使学习者感到厌倦，所以我们在设计讲座时应该力求简明扼要、生动有趣，而且还要辅之以其他方法来强化讲授内容。

2. 关键事件

通过分析实际跨文化交际中发生的、具有典型代表意义的失败案例来说明跨文化交际中误解产生的原因，帮助学习者了解两种不同文化在某个方面的不同期望和表现。具体做法是，首先，对来自不同文化背景的交际双方之间所产生的误解及情景进行描述，然后给出四个解释误解产生原因的选择，让学习者根据自己的理解进行选择，如果一次选错，就请他们再选，直至选对为止。由于这些案例通常来自于真实的交际，对学习者来说非常有趣，而且因为这些案例具有代表性和启发意义，能够刺激学习者在阅读案例和选择答案时进行思考，有利于跨文化敏感性的培养。

3. 模拟游戏

这是一种亲身体验式的活动，旨在挑战极限，扩大视野，促进能力的提高，学习者通过模拟游戏可以感受一些自己尚未经历过的情景，从中获取经验和认识，这对于文化学习者来说至关重要。

以上各种方法虽然以跨文化能力培养为主要目的，但是经过变通和再设计也可以与英语教学有机结合，成为跨文化英语教学的方法。

（二）文化教学与语言教学有机结合的方法

除了以上文化教学的各种方法之外，我们还可以在促进教师和学生改变教学观念的基础上，通过对传统英语教学方法和手段进行改革，开发出一些将文化教学与英语语言教学有机结合的方法。

1. 通过文学作品分析来进行文化教学

文学作品分析是语言教学的一个常用手段，我国很多英语教学活动都是通过分析和欣赏文学作品来进行的。文学作品蕴含丰富的文化内容，语言形式和文化内容在此得到完美结合，因此在文学作品分析的过程中同时进行语言教学和文化教学不仅是可能的，而且也是必要的。实际上，传统的语言教学在分析文学作品时并没有避而不谈文化内容，只是教师没有将文化教学列入教学目标，文化内容的讲解服务于语言教学的需要，处于一个从属、次要的地位。要改变这一现状，我们必须在确定教学目的和目标时，考虑文化教学的需要，使文化教学内容和语言教学内容并列成为教学关注的对象，利用文学作品是语言和文化完美结合的优势进行跨文化英语教学。

2. 词汇教学与文化教学的结合

任何语言的词汇都承载着丰富的文化信息，每个词所包含的文化内涵是任何词典都无法穷尽的。如"早饭"一词在汉语、英语和法语中，不仅表达形式和发音不同，而且其文化所指也不尽相同。此外，不同语言中的词汇还反映说话者不同的价值观念。正因为词汇及词汇的使用具有浓厚的文化特点，我们在进行词汇教学时不能只停留在词汇的意思和用法上，还应该介绍词汇包含的文化内容，尤其是要呈现词汇在真实文化语境中具体使用的情况。就目前的英语教学而言，词汇教学中文化教学的潜力没有得到充分挖掘，教师通常呈现给学生的都是从词典下载的词义解释，很少能将词汇所蕴含的文化意义介绍给学生。另一个问题是学习者在学习生词时通常处于被动接受的状态，这就导致他们所学的词汇成为一组僵化的符号，无法在真实的交际活动中加以运用。我们在对词汇的本意、比喻意义和文化内涵进行全面介绍的基础上，还应该将它们置于真实的文化语境中进行操练，让词汇知识转换成词汇使用能力。例如，我们教描写人物的形容词时，除了介绍词义之外，还可以选择一些来自本族文化或目的文化的、真实的历史或当代人物，用这些形容词来进行描述；也可以让学习者用这些形容词来描述自己。这样做，学习者既可以学会这些描写形容词的词义，也能了解它们的文化内涵，还有机会接触来自不同文化背景的历史人物故事。显然，这种词汇教学方法将词汇教学与文化教学有机结合，不仅使词汇学习生动有趣，而且将文化学习落到实处。语义场的使用也是词汇教学与文化教学有机结合的一种手段。

3. 阅读教学与文化教学的结合

阅读教学被认为是最容易与文化教学联系起来的教学活动之一，因为只要我们选择那些包含文化内容的阅读材料即可实现语言教学与文化教学的有机结合。然而，事实并非如此，目前很多阅读教师并不能很好地利用阅读教学的这一优势进行有效的文化教学，或是因为受传统的以语言形式为中心的教学思想的影响，或是因为对目的文化知之甚少，阅读教师致力于提高学生阅读速度和阅读理解能力的同时，关注的是语音、语法、词汇、句型和翻译等语言学习的内容，在很大程度上忽视了阅读篇章中蕴含的文化信息。即使谈到相关文化的某些内容，通常也不是以增强学生的文化能力为目的，而是帮助他们更好地理解篇章本身。总之，目前英语阅读教学并没有将文化教学列入自己的教学目标和内容，因此有关文化讨论也不是真正意义上的文化教学。

要真正实现阅读教学与文化教学的有机结合必须在确定教学目标和教学内容时考虑文化教学的需要，在实际教学中可以通过设计读前和读后任务将学习者的注意力吸引到篇章内容上，进行相关文化的讨论和学习。例如，在阅读一篇关于美国饮食文化的英语文章前，我们可以提出一系列有关学习者本族文化中饮食习惯的问题，让他们进行读前热身，然后建议他们在阅读文章时注意美国饮食文化与自己饮食习惯的异同，读完文章后，学生在回答有关美国饮食文化的相关问题的同时，进行文化对比。教师对语言点的解释可以插入到讨论中，也可以在这些文化教学活动结束之后，但不能让语言形式的学习压倒篇章内容的理解和文化内容的讨论。

4. 听说教学与文化教学的结合

阅读有利于学习者学习和了解相关文化知识，听说活动则使他们有机会切实感受跨文化交际过程，提高交际能力。无论听说，都必须以内容为基础，因此内容的选择和安排至关重要。我们首先要保证听说的材料和主题必须是真实的，具有代表性的，能够真实反映目的文化或本族文化的不同侧面。其次，在跨文化英语教学中，由于英语教学和文化教学同等重要，所以在编写听说教材时不仅要考虑学习者的语言水平和语言学习的需要，还应注意文化内容的系统性，即将语言教学的需要与文化教学的需要结合起来作为选择和安排教学材料和内容的依据，使学习者系统地学习文化知识，增强文化能力。当前的英语听说教学虽然比较重视材料的真实性，所选材料基本上都具备文化教学的价值，但是在文化内容的选择和组织上比较随意，缺乏系统性，这实际上也是整个英语教学不能最大限度发挥其文化教学功能的主要原因。

此外，跨文化英语听说教学应该充分利用多媒体教学手段，这不仅有利于提高学习者进行语言交际的积极性，更是跨文化交际能力培养的需要。日益发展的多媒体技术为在英语教学中进行文化教学开辟了新的道路，它可以将各种跨文化交际情景真实地呈现给学习者，让他们有一种身临其境的感受。图文并茂、音像俱全的听说材料使学习者的各种感官受到刺激，特别有利于从情感和行为层面上培养他们的跨文化交际能力。

语言与文化在教学中有机结合的方法不仅限于以上所讲，随着跨文化英语教学思想的不断深入人心，相信更多更好的方法将会被开发和应用。然而，在此我们必须强调教师和学生转变教学观念的重要性，要真正做到语言教学和文化教学的有机结合，教师和学生必须认识到英语教学应该承担双重任务：既要促进学习者英语交际能力的提高，又要帮助他们培养人文素质，形成立体、多维的思维方式，成为跨文化的人。只有在这一前提下，我们才能确保跨文化英语教学思想得到有效贯彻和实施。

三、民族文化学的参与观察法在跨文化英语教学中的应用

民族文化学的研究方法俗称参与观察法，是文化人类学和社会学经常采用的研究方法，近年来在其他社会科学领域也得到了广泛的应用。简而言之，这是一种实地考察的方法，研究者与研究对象同吃同住，对他们进行参与性的观察，从"圈内人"的视角来分析、描述某一群体的社会和文化活动。随着跨文化交际研究和跨文化英语教学思想在美国和欧洲的兴起和发展，这种方法逐渐被应用于跨文化培训和英语教学中，拓宽了跨文化英语教学的渠道，成为一种语言与文化学习和个人综合能力培养的有效方法。

（一）民族文化学参与观察法的特点

作为一种文化研究方法，参与观察法主要有这样一些特点：研究者既是参与者，又是观察者；与研究对象之间既亲密无间，又保持一定距离。正是这种特殊的身份使他们能够完成对目的文化各个层面或某些层面的研究；它是一种具体的、从实践到理论，而不是抽象的、从理论到实践的研究方法。研究者置身于目的文化群体之中，与人们进行广泛深入的交流，自然而然了解目的文化，得出关于目的文化的某些结论；它以具体文化为研究对象，属于具体文化研究，而不是文化普遍理论研究。

（二）民族文化学参与观察法对英语教学的作用

参与观察法被引入英语教学的直接动因和先决条件是文化作为英语教学有机组成部分的地位得到普遍认可，英语教学的目的既是提高英语语言能力，也是增强跨文化意识和跨文化交际能力，同时还是培养学习者独立学习和立体思维能力，提高综合素质。在这一前提下，以参与观察为主要形式的民族文化学的研究方法在英语教学中就展现出其得天独厚的优势。

总之，跨文化英语教学与传统的英语教学在教学目标和教学内容上的不同决定了其教学原则和方法的不同。跨文化英语教学既关注英语教学的语言文学目标，又重视英语教学的社会人文目标，它在教学原则和方法上与传统英语教学的区别在于以下几点。

1. 语言教学与文化教学有机结合，语言与文化互为目的和手段

英语语言的学习是文化学习的手段，文化学习和跨文化交际是英语学习的目的；文化学习为英语学习提供丰富多彩、真实鲜活的素材和环境，是英语交际能力培养的重要保证。语言教学与文化教学的结合贯穿英语教学的各个阶段，各个环节。

2. 自主学习能力的培养和文化学习方法的探索是跨文化英语教学的重要内容

语言的学习和文化的学习都是一个终身学习的过程，学习者不可能永远依赖老师进行学习。跨文化交际能力的培养尤其需要学校教育与社会实践相结合，因为学习者离开学校进入社会后，有很多继续学习和亲身实践的机会，这些机会很好地弥补了学校实践教育的不足。只有在学校教育期间帮助学习者提高自主学习的能力，掌握文化学习的方法，他们才可能在离开学校后能够利用各种学习和实践机会，进一步提高自己的跨文化交际能力。

3. 跨文化英语教学特别重视调动学习者的各种学习潜能和机制，充分利用各种教学手段多层次、多渠道地进行教学

跨文化交际能力的培养过程就是学习者的认知、情感和行为不断变化的过程，它需要学习者积累知识，转变态度，调整行为，发展技能。这种学习要求只有通过开发和应用多种教学手段才能得到满足，日益发展的多媒体网络技术为此开辟了新的途径。

4. 跨文化英语教学重视学习者本族文化的作用，并将认识、反思和丰富本族文化作为教学目的之一

比较和对比是实现这一教学目的的主要方法，学习者在英语语言学习和文化学习过程中，不断地将本族文化现象与其他文化的相关现象进行比较和对比，形成对本族文化的再认识。

跨文化英语教学虽然采用说教式的知识传授法与体验探索式的教学方法并用的教学方法，但是后者的作用非常明显。民族文化学的参与观察的研究方法就是一种典型的体验探索式的学习方法，是跨文化英语教学的一个重要特色。

第三节　跨文化英语教学中的教师与学生

一、英语教师与文化教学

在英语教学中进行文化教学已经有很长的历史，文化教学对于英语教师来说并不陌生，他们或是因为自己的认识和感悟，或是迫于教学大纲等外部环境的要求和规定，都有意、无意地以不同方式从事着文化教学。然而，即使在文化已在大纲中被明确确定为英语教学的内容和目标之一的国家和地区，文化教学的现状也令人担忧，其他国家和地区的状况就更不用说。这种担忧主要体现在教师对文化教学的态度、理解和实践都无法满足跨文化英语教学的需要。来自不同国家和地区的一系列调查研究报告有力地证明了这一点。

大多数调查都发现了这样一个有趣的现象：很多英语教师对文化教学的理解和认识与他们实际的教学有很大的不同。他们对文化教学表示强烈的支持，而且也认识到文化教学有很多好处，愿意采用各种手段和材料进行文化教学，但是在实际教学中，他们却似乎完全抛弃了这些认识和理解，仍然按照传统的教学观念和教学方式进行语言教学。

二、跨文化英语教学对教师的要求

跨文化英语教学的目标是在提高学习者英语交际能力的同时，培养他们的跨文化意识和跨文化交际能力，进而培养他们多视角、立体的思维能力和综合素质。其基本特点是充分挖掘英语教学的文化教学功能，将英语教学与文化教学有机结合、融为一体。显然，这样扩大了的教学目标和教学内容对教师提出了新的要求和挑战。一般来说，英语教师除了具备良好的英语语言功底之外，还应该掌握三个方面的知识和能力：英语学习理论、英语教学法、课堂教学实践。

英语学习理论是关于英语学习的本质、过程和规律，是指导教师进行教学的理论基础。英语教学法理论知识帮助教师理解教学目的和内容，了解各种教学方法的优劣，是学习理论和课堂实践之间的桥梁。课堂教学实践则是对教师具体教学活动安排和实际课堂组织能力等方面的要求。

由于跨文化英语教学增加了文化教学层面，强调跨文化意识和跨文化交际能力培养，所以以上对英语教师的要求显然不够。那么，除了这些条件之外，跨文化英语教学要求教师还要具备哪些素质呢？下面从知识、能力和态度三个方面来回答这个问题。

从知识层面上来说，教师应该：掌握普遍文化知识，即文化的基本概念、构成、特点及其对社会和个人的作用；掌握一定的具体文化知识，即了解目的语文化、本族文化和其他文化群体的特点和彼此之间的异同；理解语言与文化和社会之间的相互作用，特别是目的语言在不同社会文化背景中的使用情况；理解跨文化交际能力的概念和意义，了解导致跨文化交际困难和失败的因素。

就能力而言，英语教师应该做到：在课堂和课外其他跨文化交际场合，用目的语言进行恰当有效的交际；合理利用教材和其他真实的语言文化材料，引导学生关注文化内容，刺激他们对文化问题的思考；善于设计和组织课堂活动，将学生自己的文化体验与教学内容结合起来，创造更多的体验式学习机会；采用多种不同的文化教学方法和手段，全面、深入地传授文化知识，培养文化能力；将英语教学与文化教学有机结合，通过教学材料的选用，教学活动的设计有意识地引导学习者既注意语言能力的提高，又关注文化能力的培养；以培养能力为主，引导学习者摸索学习方法，掌握独立学习的能力，促进学习者自主学习。

从态度层面，英语教师应该具备这样的素质：敢于面对挑战，尝试新的教学思路和方法；愿意像学生一样，不断学习和探索外国文化，反思本族文化和自己的文化参考框架及言行；愿意与学生分享自己的学习体验和跨文化交际体验，即便是失败的经历；尊重学生，对不同文化行为和思想不妄加评判，永远保持一种宽容、理解和移情的态度。

三、文化教学培训

培养一名合格的英语教师并非易事，他（她）不仅需要具备良好的语言功底和交际能力，而且还要懂得学习者的认知心理、情感特征和教学规律，同时最好具有丰富的教学经验。这一切不可能在短短的几天、几周或几个月内完成。实际上，一名教师的培养过程从他（她）英语学习的第一天就开始，经过学校教育的不同阶段，一直持续到他（她）走上讲台前的业务培训，甚至还延续到上岗后教学经验的积累和各种在岗培训。就基础教育对教师培养的作用来说，我们稍加反思就会意识到我们目前采用的教学模式和方法或多或少受到了以前我们自己的英语教师的影响。我国英语教学之所以长期以来一直无法摆脱以语法和词汇为中心的传统教学方法，在一定程度上是因为这种方法得以代代相传，从一开始就被教师根深蒂固地植于学习者的脑海里。由此看来，基础教育是培养合格教师的关键，我们必须从现在开始让学生接触新的教学思想和教学方法，同时鼓励他们不断创新，只有这样才能最终改变因循守旧的陋习，为他们日后成为教师接受新观念、探索新方法打好基础。

（一）培训目的和内容

由于培训可分为岗前培训和在岗培训、教学方法培训和教材使用培训、短期培训和长期培训等多种不同类型和不同内容的培训，所以我们不能指望教师经过某一次培训就能完全掌握教学要领，对教师的培训应该定期、有系统地进行。培训不是针对某一具体的教学环境和教师群体，而是以文化教学为主要考虑因素。

（二）教师文化教学培训的方法

1. 文化意识和文化教学意识的培训

文化教学培训的一个根本特点就是"使隐含的东西明确化"。这就是说，文化、文化差异以及英语教学的文化教学潜力都已经客观存在，现在最重要的是让教师意识到它们的存在和作用，即要提高教师的文化敏感性和文化教学的意识。在这样的敏感性和意识的基础上，教师的文化知识积累和文化能力以及文化教学能力的提高就会突飞猛进。

2. 文化知识的培训

就文化概念和知识的学习而言，文化人类学提供了最为全面、科学的阐述，理应成为英语教师培训的一门必修课。文化人类学是一门历史悠久、理论基础雄厚的社会科学，它无论是在文化理论研究上，在具体文化的描述上，还是在文化研究的方法上都已形成了较为完善的体系，是英语教师获取相关文化知识的可靠来源。当然，英语教师学习文化人类学不是为了成为人类学家，因此也就没有必要了解其所有的内容，他们只需利用文化人类学的部分研究成果，以获取对文化相关概念更清楚的理解，对相关文化群体更全面、深入的了解，同时借鉴其中的一些文化研究和探索的方法，对文化人类学研究成果的筛选和选用应该由来自不同领域的专家，如英语教学研究者、文化学家、跨文化交际研究者、教师培训专家等合作完成，综合各方的意见，选择那些教师需要掌握的理论和信息作为培训的内容。

除了文化人类学可以成为教师文化知识培训的主要科目之外，社会学和跨文化交际学的研究成果同样是教师培训应该关注的内容。语言、文化、社会和交际之间复杂的关系，在这两门学科中得到了更清晰的描述。对于师范院校的准教师来说，如果能在高年级开设专门的文化学、社会学和跨文化交际学课程最为理想。但是，就大量从非师范院校毕业，却选择成为英语教师的准教师而言，花费很多时间专门讲述这些科目的内容，显然不现实，只能依靠教师培训工作者精心挑选和准备培训内容，以系列讲座的形式传授给受训教师。

3. 文化能力的培训

相对而言，文化能力的培训比文化意识和文化知识的培训更为复杂和困难，因为它不仅涉及教师的认知心理，更与他们的情感和行为有关。这里所说的文化能力包括教师的跨文化交际能力和文化学习探索能力。

跨文化交际能力的培训可以从文化冲撞开始，目的是让受训者通过经受心理和情感上的震荡，对跨文化交际中存在的文化冲突有一个强烈的感性认识，培训者趁机向受训教师介绍跨文化交际中的困难，然后自然过渡到对如何克服这些困难的探讨。教师培训者一方面可以通过讲座或让受训者阅读相关文献等方法来帮助他们了解跨文化交际的本质和文化冲撞产生的根源及其特点和过程，使他们从理性上认识积极调整心态、不用自己的文化框架判断他人、努力适应对方交际方式的重要性；另一方面还可以通过看录像、观察和分析成功与失败的跨文化交际案例，来吸取好的经验，防范交际误区。此外，培训者还可以向受训教师布置跨文化交际实践的任务，如到外企见习、到外国人家做客，通过观察、访谈和体验来增强对跨文化交际的认识，提高跨文化交际能力。最后，还可以让所有受训者一起分享各自的跨文化交际经历和体会。值得注意的是，在整个培训过程中，培训者应该反复强调反思的重要性，受训者正是通过不断学习、不断体会、不断反思才能有效地增强自己的跨文化意识和跨文化交际能力。

文化学习和探索能力培养是本着授之以渔的目的，帮助受训教师掌握一套文化学习的方法，使他们能够对遇到的新的文化现象和文化群体进行探索研究，这种能力也是这些受训教师今后对学生进行文化教学的目标之一。文化学习和探索能力首先建立在敏感、勇敢、宽容和善于移情等情感态度的基础上。缺乏敏感性，对任何文化现象熟视无睹，想当然地认为人皆相同，这些都是文化学习的障碍。其次，面对陌生的文化环境，很多人选择逃避和退缩，而善于学习和探索的人则会勇敢地尝试和体验，积极参加各种有利于自己了解该文化群体的活动。与不同文化背景的人相处，宽容和移情是不可或缺的素质，具备了这两种素质就能避免误解和冲突的发生，文化学习和探索才可能顺利完成。

作为一种文化学习和探索方法，参与观察法可以被用来对任何一个文化群体进行深入的文化调查。理想的条件是离开自己熟悉的文化环境，融入两个陌生的文化环境中，对该文化群体的某些文化侧面进行探索和学习，并通过与该群体的人进行交流，获取跨文化交际的经验，摸索跨文化交际的规律，从而提高跨文化交际能力。对于我国英语教师和学习者而言，这样理想的环境也许不存在，但是，教师培训者同样可以利用国内现有的外国文化群体或不同的亚文化群体的资源，进行参与观察文化研究方法的训练和实践。虽然环境有所不同，但是基本原理和技巧基本相同。

在教师培训中，培训者首先向受训教师介绍参与观察的文化研究方法，通过各种手段帮助教师弄楚这种文化探索学习方法的宗旨、特点和注意事项。然后由受训教师自行设计和完成至少一次文化探索任务，并在这一过程中记录自己的学习体会以督促自己反思学习体验，同时也为以后与其他同事分享经验和感受提供资料。一次这样的学习任务是以一篇全面、透彻的调查报告为终结，报告内容包括本次调查研究项目的目的、方法、结果以及经验总结，其中很大篇幅应该是对调查对象某些文化现象的详尽描述。

接受过以上培训的教师应该在个人素质上为文化教学做好了准备。他们还需要接受一定的文化教学培训才能胜任跨文化英语教学工作。文化教学培训同其他教学培训一样主要是从大纲、教材和教学方法几个方面着手。大纲培训是帮助教师理解教学目标、教学内容和教学评估标准等，是教师准备教案，设计教学活动的基础。教材培训是针对某一特定教材，就教材使用的方法进行培训。教学方法培训最为普遍，文化教学的方法很多，每一种方法都有其优点和缺点，每一种方法都有其独特的技巧，这些都是教师培训时的必要内容。

（三）反思教学和课堂教学研究

近年来，反思教学和课堂教学研究成为英语教学和教师培训研究文献中出现频率较高的术语，它们作为教师培训和教师自我发展的方法已经受到越来越多教学研究者和教师的重视。对于跨文化英语教学来说，课堂教学研究的作用更是不可低估。

课堂教学研究也是促进教师教学水平提高和教学效果改善的一种方法。是为了改善教学的某一领域而进行的系统的资料收集和分析活动，教师针对自己教学中遇到的问题，利用自己所掌握的教学理论知识，根据自己的经验，通过自己的努力，寻找解决问题的方法，在此过程中记录自己的体验，反思自己的态度和做法，并与其他同行进行交流。根据研究，课堂教学研究有五大特点：它解决的是研究者及圈内人士切实关心的问题；它要求系统地收集资料，反思实践；它通常是以本校、本地的教学为研究对象，规模较小，重点观察教学方法变化所带来结果的变化；它常采用的是定性分析法，对教学事件和过程进行描述；它的研究成果包括对问题的解决以及教师个人业务水平和当地教育实践与理论水平的提高。

由于这样的教学研究与教师的教学实践联系紧密，因而具有很大的实用价值。对于接受岗前培训的教师来说，进行课堂教学研究培训有利于他们培养反思教学和课堂教学研究的意识，掌握反思教学和课堂教学研究的方法，从而使他们获取一套不断提高业务水平的、灵活高效的方法，增强他们对今后教学工作的信心。一旦他们正式走上讲台，在学校及教育管理者的支持和帮助下，他们就可以充分利用课堂教学研究和反思教学来提高自己教学的效果，同时也促进其所在区域整体教学水平的提高。所以，课堂教学研究应该成为教师培训的一项重要内容。

四、学习者自主学习能力的培养

当前英语教师培训的另一热门话题是教师如何培养学习者自主学习能力。所谓自主学习，简单地说，就是指学习者控制和管理自己学习的能力，它是一个复杂的概念，包含多个层次，在不同的社会文化和教育环境中呈现不同的形式。

（一）自主学习的背景、含义和意义

1. 自主学习研究的背景

自主学习的思想早在 18 世纪就已萌芽，法国的"自然教育"理论强调了学习者对自己学习负责的重要性，实际上就等于提出了自主学习的思想。自主学习的能力是人天生就有的，但是这种天赋却受到后天学校教育的压制。这一思想对很多后来的教育学家产生了影响，成为解放学习者，将他们重新送回到教学主体位置的现代教学思想的动因之一。

2. 自主学习的含义

自主学习就是控制和管理自己学习的能力，也就是对与学习各个方面相关的决定负责，它包括目的的确定、内容和进度的确定、方法和手段的选择、学习过程的监控以及学习的评价等。

从本质上来说，自主学习是一种独立学习、批评反思和自我决策的能力。它要求学习者发展一种与学习过程和内容相关的、特殊的心理，这种独立的能力表现在学习者的学习方式上，或表现在他（她）将所学东西迁移到更加广阔的领域的方式上。

3. 培养自主学习能力的意义

学习者自主学习能力的培养成为英语教学的中心议题是与跨文化交际日益频繁、知识和信息日新月异、经济和教育全球化不断深入的当今世界形势分不开的，面对这样的形势，培养跨文化交际能力、独立学习能力和终身学习的思想成为教育的首要任务之一。英语教学作为跨文化交际能力培养的重要阵地，理所当然应该承担起这一重任。

（二）教师和学生的角色

自主学习不是一种新的学习方法，也不是一种新的教学方法，它是对学习和教学本质的修改。学习不再是简单的听讲、记笔记、做作业、复习、预习、考试等；教学也不再是单纯的传道、授业、解惑。学习者的被动地位得以打破，以学生为中心、以学习为中心、以任务为中心的教学思想取代了以教师为中心、以教学为中心、以教材为中心的教学思想。那么，这种转变是否意味着教师的教学变得轻松，而学生的学习压力不堪重负呢？对这个问题的最好回答就是分析教师和学生在这种教学模式下的作用和他们之间的关系。

1. 教师的角色

自主学习要求学生除了参与确定学习目标、学习内容、学习进度、学习方法、学习评价之外，还要对自己作为一个学习者的感受和经历进行反思和理解，关注学习过程，摸索学习方法。对学生所提出的这些"额外"的要求，实际上也是对教师的要求。只有具有自主学习意识和能力的教师才能培养出能够进行自主学习的学生。教师在教学中如果能表现出以上特点和自信，就会感染学生，将这种独立意识和自信传给学生。有意识、有计划地进行自主学习能力培养是教师的主要任务之一。在这种教学思想指导下，教师扮演的角色应该是合作者、顾问、协调者和对话者。

2. 学生的角色

就学生而言，自主学习使得他们从对教师和教材的依赖中解放出来，成为自己学习的主人。这种从被动到主动地位的变化要求学习者在教师的引导下做到：制订学习计划、监控学习过程、反思并修正自己的学习态度和方法、评价学习结果。自主学习要求学习者具有较强的学习意识，重视学习目标实现的过程和方法，通过这样的意识和对学习过程的关注，学习者增强了对学习、学习者和学习过程的理解，掌握了学习的规律和方法，从而提高了自己独立学习的能力，为自己承担起学习的责任做好准备。

调查显示，目前中国英语教师和学生的观念以及他们的教学能力和学习能力与跨文化英语教学的要求相距甚远，所以有必要进行教师和学生培训。

参考文献

[1] 张庆德. 基于学习动机理论的大学生英语跨文化沟通能力的培养［M］. 长春：东北师范大学出版社，2017.

[2] 李莉文. 大学英语教学与跨文化能力培养研究［M］. 北京：外语教学与研究出版社，2017.

[3] 谭瑜. 中外合作办学学生跨文化能力培训模式研究［M］. 北京：中国社会科学出版社，2017.

[4] 张娟，叶兰，陈黎明. 大学英语学习者批判性思维与跨文化能力培养研究［M］. 哈尔滨：哈尔滨工程大学出版社，2017.

[5] 尚艳辉，黄丽双. 跨文化交际能力的教学与评估［M］. 长春：东北师范大学出版社，2017.

[6] 程珊珊. 商务英语人才跨文化交际能力培养研究［M］. 北京日报出版社，2017.

[7] 张胜勇. 新形势下大学生跨文化交际能力培养对比研究［M］. 北京：中国社会科学出版社，2017.

[8] 张丽. 大学生跨文化交际能力和英语学习动机的相关性研究［M］. 西安：西安交通大学出版社，2017.

[9] 戴晓东. 跨文化能力研究［M］. 北京：外语教学与研究出版社，2018.

[10] 刘浩. 英汉比较与跨文化交际能力的培养［M］. 北京：中国纺织出版社，2018.

[11] 孙茂华，韩霞. 英语教学与跨文化交际能力培养［M］. 沈阳：辽海出版社，2018.

[12] 杜玉红. 跨文化交际能力培养与大学英语教学［M］. 哈尔滨：哈尔滨地图出版社，2018.

[13] 韩露，余静. 大学英语教学中的跨文化交际能力培养与探索［M］. 咸阳：西北农林科技大学出版社，2018.

[14] 韩璐. 跨文化交际能力背景下的大学英语教学探索［M］. 长沙：中南大学出版社，2018.

[15] 王书睿. 大学生跨文化交际能力发展研究［M］. 北京日报出版社，2018.

[16] 张庆梅. 英语翻译教学与跨文化交际能力培养［M］. 北京：中国商业出版社，2018.

[17] 刘涵. 英语人才跨文化交际能力研究［M］. 北京：知识产权出版社，2019.

[18] 王国华. 英语思维与跨文化交际能力研究［M］. 北京日报出版社，2019.

［19］宋云霞. 中国英语教育中的文化教学与跨文化交际能力培养［M］. 长春：吉林大学出版社，2019.

［20］曹胜强，王翠英，王晓同. 跨文化交际能力培养研究［M］. 长春：东北师范大学出版社，2019.

［21］燕青. 跨文化交际能力培养实践研究［M］. 长春：吉林文史出版社，2019.

［22］孙伟民. 跨文化交际能力培养与高校英语教学模式改革［M］. 青岛：中国海洋大学出版社，2019.

［23］慕爱静. 英语教学中跨文化交际能力培养研究［M］. 北京：北京工业大学出版社，2019.

［24］李培隆，潘廷将，唐霄. 高校教师跨文化能力培养研究［M］. 长春：吉林大学出版社，2020.

［25］于群. 跨文化能力［M］. 南京：南京大学出版社，2020.

［26］夏荣. 跨文化教育与翻译能力的培养［M］. 长春：吉林人民出版社，2020.

［27］段方方. 跨文化交际能力的文化间性研究［M］. 哈尔滨：哈尔滨工业大学出版社，2020.

［28］张雪莉. 文化自信视角下英语教学中跨文化交际能力培养路径探索［M］. 北京：九州出版社，2020.

［29］李振营. 师范院校大学生跨文化交际能力培养策略研究［M］. 黑龙江大学出版社，2020.

［30］雷淑华，欧阳偶春. 多视角诠释跨文化适应能力及其提升策略研究［M］. 长沙：中南大学出版社，2020.

［31］房玉靖，姚颖. 跨文化交际实训［M］. 北京：对外经济贸易大学出版社，2020.